세계의 책축제

새로운 세상을 상상하다

세계의 책축제
새로운 세상을 상상하다

2019년 11월 15일 초판 1쇄 찍음
2019년 11월 25일 초판 1쇄 펴냄

지은이   이상
펴낸이   이상
펴낸곳   가갸날
주소   경기도 고양시 일산동구 강선로 49, 402호
전화   070.8806.4062
팩스   0303.3443.4062
이메일   gagyapub@naver.com
블로그   blog.naver.com/gagyapub
페이지   www.facebook.com/gagyapub
디자인   강소이

ISBN   979-11-87949-43-5 (03010)

이 도서는 2019 새로운 경기, 우수출판콘텐츠 제작지원 선정작입니다.

세계의 책 축제

새로운 세상을
상상하다

이상

가갸날

한때 책이 곧 소멸하고 말 것이라는 담론이 크게 인 적이 있다. 생각 밖으로 종이책 문화가 수명을 부지해 가니 그나마 다행이라고 해야 할까. 그것은 역설적으로 종이책을 대체하리라고 여겼던 이북과 인터넷의 영향력 확대에 대한 반작용이라는 분석이 있다. 독자들이 범람하는 인스턴트 정보에 식상해하기 시작했다는 것이다.

아날로그 문화에 대한 향수는 종이책을 넘어 책축제라는 독특한 문화 환경을 만들어내고 있다. 영국에서만 한 해 동안 3백여 개의 책축제가 열린다. 큰 책축제에는 20만 명 남짓한 독자가 몰린다. 입장료를 낸 관객만 헤아린 것이다. 먼 길을 달려와 저자와의 대화 프로그램에 우리 돈 1,2만 원씩 내고 입장하는 현상을 뭐라고 설명해야 할까.

에든버러 국제책축제는 가장 지적인 관람객이 찾고, 외부 관객이 많은 축제로 정평이 높다. 해외 관객도 10%가 넘는다. 헤이 축제는 '새로운 세상을 상상하라'고 외친다. 독자들만 책축제로 달려오는 게 아니다. 저자들 역시 독서 대중과 다른 지식사회 동료에게서 지적 영감을 받을 수 있는 책축제장을 찾는다. 어느덧 책축제는 세상의 변화를 꿈꾸는 마당이자 아이디어를 나누는 지식 공유 플랫폼으로 자리 잡았다.

돌이켜 보면 과거로 소급해 갈수록 인간은 얼굴을 맞대고 대화를 나누며 지식을 습득하였다. '이제 스무 살의 젊은이가 마치 5천 년을 산 사람처럼 되었다.' 언어의 탄생 장면을 이처럼 멋지게 표현한 사람은 움베르토 에코다. 원시 동굴의 화톳불 가에서 인류는 비로소 사회적 기억을 축적해 가기 시작하였다. 문자가 발명되고 나서도 대화는 진리를 탐구하는 중요한 수단이었다. 근대 인쇄술의 시작과 함께 독서 문화가 태동한 다음에도 마찬가지였다. 함께 책을 읽고 토론하는 문화는 살롱, 카페, 독서 클럽을 거쳐 책축제로 진화하였다.

오늘날 영미권에서 책축제는 자연스런 문화 생활의 일부로 받아들여지고 있다. 인도처럼 독서 문화와 거리가 멀던 사회에서도 책축제는 새로운 바람을 몰고 오고 있다. 그 바람은 동남아시아, 중동, 아프리카 등지로 확대되고 있다.

우리나라에는 아직 책축제다운 책축제가 자리 잡지 못했다. 가능성을 보이던 책축제들도 오히려 한참을 뒷걸음하였다. 외국의 대표 책축제에 견주면 소꿉놀이 수준이다. 축제의 규모만 그런 게 아니다. 좀 낫다는 책축제들도 아직 '책을 읽자'는 계몽 수준에 머물러 있다. 관객이 오지 않으니 아이들 대상의 이벤트로 가족 단위 관객을 호객한다. 축제장의 중심을 이루는 몽골 텐트의 행렬은 또 무엇인가. 도서 할인 행사가 중심이 되어서는 책축제의 본령에 다가갈 수 없다.

필자는 편집기획자로 책을 벗하며 살아왔다. 그 사이에 헤이리 예술마을을 만들고 파주북소리 축제를 탄생시키는 특별한 세계를 경험하였다. 파주북소리 프로그램을 기획하면서 외국의 책축제를 두루 탐색하였다. 여러 군데 책축제를 찾아가 보고 외국 책축제들과 프로그램을 협력하는 네트워크도 실험하였다.

나름으로 좋은 지식축제를 만들기 위해 노력하였지만, 함빡 미련만 남겨둔 채 꿈을 접어야 했다. 아쉬움 때문이었을까. 파주북소리를 떠난 다음 본격적으로 세계의 책축제를 탐구하였다. 이 책은 십여 년에 걸쳐 자료를 모으고 탐구한 성과물이다. 자료를 살펴본 책축제의 수는 백여 곳을 훌쩍 넘는다. 외국의 책축제를 소개하는 데 머무르지 않고, 다양한 측면에서 책축제의 보편적인 모습을 도출하려 하였다. 3부에서 다룬 '지구촌의 책축제'는 규모나 영향력만이 아니라 하고많은 책축제의 다양성을 아우르겠다는 관점을 반영하였다.

이 책이 우리 사회 책축제의 방향성을 정립하는 데 작은 도움이나마 되었으면 좋겠다.

차례

책에 대한 사랑이
우리를 하나로 모은다

AMOR LIBRORUM NOS UNIT

1부

책축제의
오랜 여정

인류 최초의 책,
최초의 책축제

경험 많고 지혜로운 노인이 부족의 젊은이들에게 하늘의
별이며, 사후세계며, 다른 부족과의 전투며, 사냥에서 만난
낯선 동물의 세계를 지그시 눈 감은 채 들려주는 장면을
떠올려보라. 원시 동굴에서 노인은 다름아닌 책이었다.
원시 동굴의 화톳불 언저리는 오늘의 책축제장이었다.

*

인류 최초의 책은 무엇일까? 설형문자를 새긴 수메르의 점
토판 혹은 고대 이집트의 파피루스?

문자가 발명되기 전에는 모든 의사소통이 말로 이루어졌
다. 말은 입밖으로 나오자마자 곧 사라지고 만다. 말의 한계를
극복하기 위해 고안된 것이 결국 문자다.

문자의 사용과 함께 인류는 문명의 꽃을 피울 수 있었다.
수메르에서는 기원전 4천 년경에 제작된 점토판이 출토되었

다. 무너진 신전터에서 발견된 서판은 회계장부였다. 거기에는 곡물과 가축의 수량이 기록되어 있다. 인류 최초의 기록이 농업에 관한 것이라는 게 놀랍다.

고대 이집트의 문자는 신성한 일을 새기는 데 쓰인다 하여 신성문자hieroglyph라 불렸다. 가장 오래된 자료는 기원전 3천년 이전까지 거슬러 올라간다. 파리에 있는 프랑스 국립도서관에는 기원전 3350년에 제작되었다고 하는 파피루스 두루마리가 보존되어 있다. 신성문자는 메소포타미아 지방의 설형문자에 비해 초기부터 문자로서의 체계가 잘 잡혀 있었으며, 종교, 법률, 농업, 교육, 의학, 문학 등 사회생활의 모든 부문을 기록하는 데 두루 쓰였다. 훗날의 책에 훨씬 가까운 부드럽고 얇은 재질의 파피루스 종이가 사용되었을 뿐 아니라, 지금부터 5천 년 전에 이미 잉크와 펜이 사용되었다.

동아시아에서 널리 쓰이는 한자는 기원전 2천 년 무렵에 태동하여 오랜 세월을 거치면서 오늘날의 체계로 발전하였다. 최초에는 거북이 뼈에 새긴 갑골문이 중심이었으나, 차츰 대나무 죽간竹簡이나 나무 판대기를 엮어 만든 서책, 종이가 발명된 이후에는 두루마리 필사본, 목판본, 금속활자본으로 책의 형태가 진화하였다. 설형문자와 신성문자 모두 역사 속으로 사라졌지만, 한자는 끈질긴 생명력으로 오늘도 중국을 비롯한 동아시아 문명의 근간을 이루고 있다.

BC 1000년경 메소포타미아 지방에서 사용된 점토판.

문자와 기록은 전 세계 각지의 수많은 문명 속에서 독립적으로 발전하였다. 현존하는 거의 모든 문자의 뿌리라고 하는 세 문자 외에도 세계 각지에서 수많은 문자가 태동하였다.

점토판이나 파피루스, 죽간 같은 것을 책이라고 일컫는 게 마뜩찮을 수 있다. 그렇다면 코덱스는 어떤가. 중세시대 사경寫經의 전형적인 형태는 코덱스였다. 초기에는 파피루스로 만들다가 차츰 양피지로 대체되었다. 텍스트를 접어 한쪽 면을 실로 꿰매고 앞뒤에 표지를 댄 것이 오늘날의 책과 거의 닮은 꼴이다. 코덱스는 로마인에 의해 서기 1세기경 크게 발전하기 시작하여 중세 기독교 문명과 더불어 꽃을 피웠다.

| 스무 살의 젊은이가
5천 년을 사는 법

형태상으로 본다면 코덱스에 이르러 비로소 책이 탄생하였다 할 수 있다. 하지만 인류문명을 만들어온 근원으로서의 책에 주목해 보자. 책이 담고 있는 내용, 그리고 책이 수행해온 역사상의 역할에 초점을 맞춘다면, 오늘날과 같은 형태의 책이 나타나기 이전의 역사를 좀 더 유연하게 조명할 수 있지 않을까? 점토판, 파피루스, 죽간 같은 책의 전사前史를 살펴본 이유이다. 이왕 뗀 걸음, 몇 걸음 더 과거로 들어가 보자.

문자가 탄생하기 전에 인류는 어떻게 자신들의 생각을 표현하였을까? 문자 이전의 세계로 조금만 소급해 올라가면 동굴벽화와 맞닥뜨리게 된다. 기원전 2만 년경의 것으로 알려진 스페인의 라스코 동굴 벽화와 그보다 조금 뒷시기의 프랑스 알타미라 동굴 벽화는 널리 알려져 있다. 최근 기원전 4만 년경으로 조사된 스페인의 엘 카스티요 동굴 벽화에 이어, 인도네시아에서도 같은 시기의 동굴 벽화가 발견되어 모두를 놀래키었다. 동굴 벽화는 원시시대 작품이라고 믿기지 않을 만큼 생동감 넘치고 아름답다.

이들 벽화를 통해 당시 사회를 찬찬히 읽을 수 있게 되었다. 거기에는 그들의 세계관과 당시의 생활상이 잘 묘사되어 있다. 그 어떤 책보다도 벽화가 그려진 시대를 생생히 알려주는 거울이다.

동굴 벽화보다 훨씬 넓은 지역에서 발견되는 선사시대 사람들의 발자취는 암각화다. 우리나라에서도 울산 반구대 등에서 암각화가 발견되었다. 반구대 암각화는 고래, 거북, 사슴, 사람 같은 대상을 구체적으로 표현하고 있는 데 비해, 천전리 암각화는 추상적인 기호의 세계를 보여준다. 문자의 단계로 한 걸음 더 나아간 것이다.

인류의 역사는 수백만 년에 이른다. 문자를 사용한 시기래

러시아 화가 빅토르 바스네초프가 그린 상상도 〈석기시대 축제〉.

야 고작 6천여 년에 불과하고, 그림을 통한 의사소통의 시기도 몇만 년에 지나지 않는다. 말이 문자보다 앞서니 당연히 인류가 말을 사용한 시기는 훨씬 앞섰으리라. 인류역사의 대부분의 시기 동안 '아' '우' '으' 같은 어린아이 옹알이 수준의 감탄사나 내뱉고 몸짓언어가 말보다 더 중요한 의사표현의 수단이었을망정, 말의 사용을 통해 인류는 비로소 큰 보폭의 진화를 시작할 수 있었다.

움베르토 에코는 원시공동체 사람들이 비로소 말을 사용하게 되었을 때의 모습을 이렇게 기술하고 있다.

"인류가 최초로 의미 있는 소리들을 내뱉기 시작한 이래, 종족과 가족들은 노인들을 필요로 하였다. 아마 그전에는 노인들은 소용이 없었고, 더 이상 사냥할 수 없게 되었을 때 버림 받았을 것이다. 하지만 언어와 함께 노인들은 바로 인류의 기억이 되었다. 그들은 동굴 안에서 불가에 앉아 젊은이들이 태어나기 전에 일어난(또는 신화의 기능이 그렇듯이, 일어났다고 말하는) 일들을 이야기해 주었다. 이러한 사회적 기억이 축적하기 이전에는, 인간은 아무런 경험도 없이 태어났고, 경험을 쌓기도 전에 죽었다. 그런데 이제 스무 살의 젊은이가 마치 5천 년을 산 사람처럼 되었다. 자기보다 이전에 일어난 사건들, 그리고 노인들이 전에 배웠던 것이 자기 기억의 일부가 되었던

것이다."(《책으로 천년을 사는 방법》, 김운찬 역, 열린책들, 18쪽)

그러면서 "오늘날 책은 바로 우리의 노인"이라고 말을 잇고 있다. 이 말을 이렇게 바꾸어 보면 어떨까? '노인은 책'이라고. 원시시대에 노인은 오늘의 책과 같은 존재였다고.

| 　 노인은 책이다

에코의 글을 읽으면서 책축제가 떠올랐다. 저자를 초빙해 이야기를 듣고 토론하는 게 책축제의 전형적인 모습 아닌가. 경험 많고 지혜로운 노인이 부족의 젊은이들에게 하늘의 별이며, 사후세계며, 다른 부족과의 전투며, 사냥에서 만난 낯선 동물의 세계를 지그시 눈 감은 채 들려주는 장면을 떠올려보라. 게다가 화톳불이라니. 당장 사냥 끝의 부족 잔치 같은 카니발이 연상되지 않는가? 어느 날 우연히 신문 칼럼에서 접한 김정운의 다음 말이 다시 한 번 무릎을 치게 하였다.

"일본의 사회철학자 이마무라 히토시는 불을 피우는 행위는 의미를 구조화하는 '의례적 실천'이라고 설명한다. 그는 《의례儀禮의 온톨로기ontologie》라는 책에서 의미 부여의 기원을 원시인류의 불을 피우는 행위에서 찾는다. 수렵채취사회의 원시인류는 불을 피우는 행위를 통해 공동체를 유지했다. 공동체의 모든 문제는 장작불을 가운데 두고 둘러앉아 논의되었다. 이해할 수 없고, 도무지 설명되지 않는 자연현상에 관해 불을 피워 놓고 밤새 이야기했다."(김정운, 〈'의미'는 어떻게 만들어지는가〉, 《조선일보》 2015.1.23)

인류문화를 특징짓는 말로 '집합적 학습'을 떠올릴 수 있다. 집합적 학습은 말을 통해, 문자를 통해, 책을 통해 가능하였다.

이제 더욱 분명히 말할 수 있다. 원시 동굴에서 노인은 다름아닌 책이었다고. 원시 동굴의 화톳불 언저리는 오늘의 책축제장이었다고.

집합적 학습의 전통과
구비문학축제

오늘날까지 남아 있는 집합적 학습 혹은 집단지성의
가장 빛나는 사례는 구비문학일 것이다. 종합축제였던
그리스의 판아테나이아 제전에서는 《일리아스》《오디세이아》
같은 서사시 낭독 경연이 펼쳐졌다. 오늘날 세계 도처에서
열리는 책축제는 서로 얼굴을 마주보고 지식을 교환하던
선사시대의 유습이자, 구비문학축제의 전통에 대한
향수 때문 아닐까.

*

밥 먹듯 테드TED 사이트를 들락거리던 때가 있었다. 파주
북소리를 준비하면서 축제의 성격을 고민하던 시기다.

　등장하는 강연자들이 하나같이 아주 짧은 시간 동안에 이
야기의 주제를 압축해 전달하는 게 무엇보다 인상적이었다.
내용에까지 몰입할 일은 크게 없었으므로, 어떤 주제가 다루

어지고, 어떤 방식으로 진행되는지에 관심이 더 갔다.

그러던 중 아주 우연히 〈18분에 담은 우리 세계의 역사〉The History of Our World in 18 Minutes라는 강연을 만났다. 강연자는 데이비드 크리스천David Christian이라는 역사학자였다. 그는 놀랍게도 137억 년 전의 빅뱅에서부터 이야기를 풀어가기 시작하였다. 강연자 뒤쪽의 스크린에서 펼쳐지는 멋진 영상 때문이었을까. 저도 모르게 크리스천 교수의 강연 속으로 빠져들었다.

그는 70억 명의 인간이 살아가는 현재를 위기의 시대로 규정한다. 지구상에 명멸했던 수많은 다른 종들과는 달리 인류의 지구환경에 대한 제어가 가속되어, 이제는 새로운 임계국면을 맞게 되었다는 것이다. 위기를 극복하기 위해서는 우리가 선 자리를 알아야 하는데, 그러기 위해서는 숲에서 나와 아프리카 초원에 처음 모습을 드러낸 선사시대 인류의 조상 이야기로 거슬러 올라가야 하고, 지구 생명체의 진화과정을 알아야 하며, 결국은 우주의 시작까지 소급해 가야 한다는 것이다.

그가 제창하는 것은 거대사Big History였다. 결국 거대사는 우리가 누구이고 어디에서 왔는지를 알게 해주는 지도이다. 그 거대한 시공간의 지도 위에 우리를 올바로 위치시킬 수 있다면, 필요한 해답을 얻고 미래의 모습도 상상해 볼 수 있을 것이다.

인도 고대 서사시 〈마하바라타〉 속의 전쟁 장면(1670년경 작품).

크리스천 교수의 이론 속에서 필자가 정작 가장 주목한 것
은 '집합적 학습'collective learning을 이야기하는 부분이었다.
집합적 학습이 다름아닌 오늘의 인류를 만든 근원이었다는
주장이다.

크리스천은 주로 선사시대의 언어를 매개로 한 집합적 학
습을 예로 들었다. 필자는 '집합적 학습'의 가장 전형적인 예야
말로 책이라는 생각을 퍼뜩 떠올렸다. 다음의 글은 '빅 히스토
리 프로젝트' 사이트에서 집합적 학습을 설명하는 내용이다.
마치 책을 노인이라고 한 움베르토 에코의 말을 연상시킨다.

"많은 생명체들이 학습 능력을 갖고 있다. 그들이 배운 것
을 공유하는 생명체들도 있다. 오직 인간만이 아이디어를 효
율적으로 공유하고 집합적으로 학습할 수 있는 종이다. 인간
은 정보를 저장하고 순환시키는 데 상징적인 언어를 사용함으
로써 매우 강력한 힘을 지니게 되었다. 그렇지 않았다면 개인
의 죽음과 동시에 정보는 사라져버렸을 것이다."

원시인류는 큰 두뇌를 갖고 직립보행을 하였지만, 대자연

의 힘과 다른 힘센 동물 앞에서 무력한 존재였다. 생존을 위한 사투를 벌이고 끊임없이 식량을 찾아 이주해야 했다. 그들의 힘은 무리를 지어 움직이는 데서 나왔다. 무리가 함께 사냥에 나서고, 언어를 통해 지식을 교환하였다. 경험해 보지 못한 환경을 맞닥뜨렸을 때 효율적 전략을 찾아내는 데 집합적 학습을 사용하였다. 아이디어와 지식은 세대에서 세대로 전달되었다. 변화는 느렸지만, 꾸준히 진행되었다.

세계에서 가장 영향력 있는 과학자의 한 사람인 리처드 도킨스는 생명체가 유전자를 전달하기 위해 만들어진 유전자 기계에 지나지 않는다는 이론을 제기해 큰 논쟁을 일으킨 바 있다. 그런 그도 "인간만이 유일하게 이기적인 자기 복제자들의 전제에 반항"할 수 있다고 하였다. 인간에게는 유전적 전달이 아닌 문화적 전달이라는 독특한 진화의 수단이 있다는 것이다. 그는 그것을 밈meme이라고 명명하였다. 밈은 모방이라는 과정을 통해 뇌에서 뇌로 전달되며 자기 복제해 간다는 것이다.

"기본적으로는 보수적이면서도 어떤 형태의 진화를 일으키게 할 수 있다는 점에서 문화적 전달은 유전적 전달과 유사하다. 영국의 시인 초서Geoffrey Chaucer와 현대의 한 영국인과는 대화를 할 수 없을 것이다. 비록 그 두 사람 사이에 영국인으로 이루어진 중단 없는 사슬이 이어졌다 할지라도 20세대

터키의 대중 이야기꾼 메다흐(19세기).

정도의 시간적 간격이 있기에 그 사슬에 가까운 세대의 사람들만이 자식이 아버지와 대화를 할 때처럼 서로 대화를 할 수 있다. 언어는 비유전적 수단에 의해 '진화'하는 것으로 생각되며, 게다가 속도는 유전적 진화보다 비교할 수 없을 만큼 더 빠르다."(리처드 도킨스, 《이기적 유전자》, 홍영남 역, 을유문화사, 331쪽)

| 책축제는
   선사시대의 유습?

오늘날까지 남아 있는 집합적 학습 혹은 집단지성의 가장 빛나는 사례는 구비문학일 것이다. 호메로스의 서사시 《일리아스》《오디세이아》와 고대 인도의 대서사시 《마하바라타》 같은 세계의 숱한 문학작품들이 수세대에 걸쳐 입에서 입으로 구전되던 끝에 하나의 체계를 갖추었다.

구비문학의 전통은 문자시대에 들어와서도 뿌리깊게 이어졌다. 서양 중세시대 문학의 전달자들은 유랑하는 음유시인들이었다. 튀르크, 페르시아, 중앙아시아 같은 동양문화권에서도 음유시인들이 활약하였다. 키르키스스탄에는 세상에서 가장 긴 영웅서사시라고 하는 〈마나스〉를 음송하는 전통이 오늘까지 이어져오고 있다. 〈마나스〉를 암송하는 사람들은

마나치스라고 불린다. 파주북소리에서는 2013년 마나치스를
초청해 공연하였다.

　우리나라 문화에서는 거의 사라져버렸지만, 아직도 몇몇
사람이 옛이야기를 읽어주는 전통을 이어가고 있다. 전기수
傳奇叟라고 하는 이들이다.

　《성경》《불경》같은 종교 경전들도 오랜 세월에 걸쳐 많은
사람들의 손을 거쳤다. 사람들은 구전 전통에서 유래된 성스
러운 말씀을 암송하고 배우고 기록함으로써 종교적 교의를
다음 세대에 전달하였다. 그리하여 책은 세계 모든 주요 종교
의 중심이 되었다. 뿐만 아니라 종교 경전들은 그들을 배태한
문화 속에서 언어와 문학의 발전에 큰 영향을 끼쳤다.

　인류의 모든 위대한 구비문학 작품이 탄생하는 데는 집합
적 학습의 기제가 작동하였다. 이들 작품들은 다양한 형태로
대중 앞에서 낭독되고 공연되었다. 그리스 아테네에서는 모든
시민이 참가하는 큰 축제가 개최되었다. 종합축제였던 판아테
나이아 제전에서는 《일리아스》《오디세이아》같은 서사시 낭
독 경연이 펼쳐졌다. 디오니소스 축제의 가장 중요한 행사는
비극 경연대회였다. 인도, 페르시아, 키르키스스탄, 우리나라,
어디라 할 것 없이 전문 이야기꾼들이 대중을 모아놓고 자신
들 문화 속의 옛이야기들을 들려주었다.

　오늘의 우리는 인류가 이루어놓은 집합적 지식의 수혜자

들이다. 그리고 그것은 책을 통해 이루어지고 있다. 오늘날 세계 도처에서 열리는 책축제는 서로 얼굴을 마주보고 지식을 교환하던 선사시대의 유습이자, 구비문학축제의 전통에 대한 향수 때문 아닐까.

지식의 저장소에서
상상력의 바다로

세계의 많은 책축제들이 도서관을 기반으로 개최된다.
우리나라에서도 책축제를 개최하는 도서관이 여럿이다.
'책읽는 도시'를 표방한 많은 도시의 사업도 도서관을
기반으로 펼쳐진다.

＊

점토판, 파피루스, 죽간, 코덱스, 종이책, 전자책…. 인류가
만들어낸 기록문화는 지식의 전파를 촉진하고 문명의 성장을
자극하였다. 과거로 올라갈수록 기록물은 귀하다 못해 성스
러운 것이었다. 인류문명 초기의 기록은 주로 종교, 의례, 법령
등에 관한 것이었다. 기록물은 소중하게 다루어지고 보관되었
다. 이 같은 기록물을 보관하기 위해 도서관이 건립되었다. 도
서관은 고대 메소포타미아 시대 이래로 지식의 저장소였다.

기록된 말은 불멸이 될 수 있다. 기록은 차츰 일상생활과

신화, 전설, 문학 등을 담는 데까지 나아갔다. 사람들이 말의 힘과 기록을 중시하게 되었기 때문이다. 세계 각지의 수많은 문명 속에서 기록은 독립적으로 발전하였다. 대부분의 기록이 사라져버렸지만 다행히도 일부나마 살아남아 그 시대를 증언하고 있다. 기록을 통해 우리는 과거의 문명을 방문할 수 있으며, 과거와 대화할 수 있다.

도서관은 인류의 지식문화를 지켜온 보고이다. 책이 대중화된 오늘에도 도서관은 여전히 지식에 허기진 사람들을 위한 성소이다. 이광주는 도서관을 "무한한 지식에 대한 관심과 이미지를 불러일으키는 인류문화의 토포스, 서적의 우주"(《아름다운 지상의 책 한권》, 한길사, 169쪽)라고 말하고 있다.

오늘의 도서관은 도서, 잡지 같은 인쇄자료는 물론이고 영상, 음향 자료, 멀티미디어, 디지털 자료까지 폭넓게 수집하고 있다. 수집대상은 인류가 생산해 내는 모든 지식문화 자료로 확장된다.

도서관의 역할은 책을 보관하고 책을 읽는 곳의 의미를 훌쩍 넘어서 있다. 그곳은 동서고금의 책이 살아 숨쉬는 곳이자, 상상할 수 있는 모든 주제의 책이 갖추어진 곳이다. 도서관은 무한 상상력을 제공해 준다. 현대는 더 이상 단순지식이 힘을 갖지 못하는 사회다. 전문 사서를 길잡이 삼아 지식의 바다를 항해하고, 관심영역이 비슷한 사람들과 독서모임을 만들어

고대 지중해 세계의 지식문화를 집적해 서적의 우주를
실현한 알렉산드리아 도서관.

한층 심화된 지적 상상력을 갖출 필요가 있다. 그럴 때 비로소 도서관의 존재가치에 다가갈 수 있을 것이다.

세계에서 가장 유명한 사립 도서관의 하나인 미국 뉴욕의 모건 도서관The Morgan Library & Museum은 자신의 사명을 이렇게 말하고 있다.

"모건 도서관의 사명은 즐거움을 자극하고, 상상력을 불러일으키고, 학습을 진전시키고, 창의력을 육성하기 위해, 양질의 장서를 보존 구축 연구 제공 해석하는 것이다."

| 지식의 수호자,
　　도서관

도서관의 정의를 기록문화의 집적이라는 기준에서 규정한다면, 그 기원은 인류 문명의 탄생과 거의 시기를 같이한다. 메소포타미아 지방에서 발견된 설형문자 점토판 컬렉션은 기원전 3500년 전까지 올라가는 것으로 추정되고 있다.

앗시리아 아슈르바니팔 왕 소유의 도서관은 기원전 7세기의 것으로 가장 오래전에 존재했던 왕립도서관이다. 오늘의 이라크에 속하는 니니베에서 3만 장의 태블릿이 발견되었는

데, 그 가운데는 인류 최초의 문학작품인 〈길가메시 서사시〉가 들어 있다. 이집트 테베의 카르나크 신전에서도 '책의 집'을 뜻하는 기원전 7세기의 기록을 살펴볼 수 있다.

지금까지 알려진 고대세계 최대의 도서관은 알렉산드리아 도서관이다. 기원전 3세기에 프톨레마이오스 왕조에 의해 이집트의 알렉산드리아에 세워졌는데, 70만 권의 파피루스 두루마리를 소장하였다. 알렉산드리아 도서관은 알렉산더 대왕의 세계주의 이상을 실현하기 위해 야심차게도 전 세계 모든 도서의 사본을 수집하려 하였다. 그리하여 그들은 이집트를 방문하는 사람과 선박 등을 수색하여 책을 압수하거나 복제하고 돌려주는 등 장서 수집에 수단과 방법을 가리지 않았다. 어렵게 수집된 알렉산드리아 도서관의 장서는 화재로 불타 없어지기도 하고, 최종적으로는 율리우스 카이사르가 이집트를 정복하였을 때 전부 약탈되었다고 한다. 카이사르는 전리품으로 자신의 이름을 딴 도서관을 세우려 하였으나 암살을 당해 뜻을 이루지 못하였다.

비슷한 시기에 소아시아의 부유한 도시 페르가몬에도 큰 규모의 도서관이 있었음을 역사가 플루타르크는 증언하고 있다. 그의 기록에 의하면 페르가몬 도서관은 온도와 습도 조절 기능을 갖춘 건축적으로 훌륭한 도서관이었다. 페르가몬 도서관의 20만 권이나 되는 장서가 카이사르가 알렉산드리아 도서관의 책을 갖는 대가로 이집트 여왕 클레오파트라에게 주어졌다는 풍문이 있으나, 진실은 알 수 없다.

로마 시대에는 큰 규모의 도서관은 세워지지 않았다. 그러나 아시니우스 폴리오가 최초의 공공도서관을 세운 이래, 로마 제국 영토내 각지에 공공도서관이 세워졌다. 로마 도서관의 특징은 시민들도 자유로이 이용하였다는 점이다. 로마의 도서관은 게르만 족에 의해 촉발된 민족 대이동으로 대부분 파괴되었으나, 그리스도교의 전래와 함께 중세의 수도원이 도서관의 기능을 계승하게 된다.

수도원의 장서는 그리스도교 관련 종교서적이 중심이었지만, 고전의 수집과 보존에도 노력을 기울였다. 수도원은 12세기에 대학이 출현하기까지 중세 유럽 지식문화의 중심지였다. 수도원의 역사적 역할 가운데 가장 주목해야 할 점은 사본寫本 작업이었다. 사본 작업은 오늘날 우리가 그리스 로마 시대의 고전을 접할 수 있는 길을 열어주었으며, 르네상스 시대를 여는 토대가 되었다.

수도원 시대는 대학의 설립과 더불어 막을 내린다. 대략 12세기경의 일이다. 볼로냐 대학, 파리 대학 등의 도서관은 수도원 도서관에 비해 장서 보관보다는 독서와 연구에 무게를 두었다.

사람들은 흔히 유럽의 중세를 암흑시대라고 부른다. 그 시대에 지식의 수호자 역할은 한 것은 이슬람 문명이었다. 그들

바그다드 도서관 '지혜의 집'(1237년 그림).

은 아라비아 숫자와 십진법으로 대표되는 수학, 연금술, 의학, 천문학 등 모든 분야에서 찬란한 업적을 남겼다. 도서관이 그 중심 역할을 하였다면 믿을 수 있겠는가. 압바스 왕조의 수도 바그다드에 세워진 '지혜의 집'은 당시 세계에서 가장 많은 장서를 소장한 도서관이었을 뿐 아니라, 그리스, 로마는 물론 인도와 중국 문명까지 집적 융합해 새로운 혁신을 만들어내는 지식 센터였다.

중국의 경우 기원전 1100년경 도서관의 원형으로 불릴 만한 시설이 있었다. 주나라의 맹부盟府, 고부故府라는 도서를 모아두는 곳이 그것이다. 우리나라 도서관의 역사도 삼국시대까지 소급된다. 고구려의 경당은 사립 교육기관으로서 책을 모아놓고 여럿이 이용하게 한 우리나라 최초의 도서관으로 평가된다. 조선시대에는 집현전, 규장각 같은 수준 높은 도서관이 큰 역할을 하였다. 동양에서는 왕실, 관청, 학교, 사찰, 서원 등이 대체로 도서관의 역할을 하였다.

도서관의 황금기는 르네상스의 도래와 더불어 개화하였다. 유럽 각지에서 다투어 도서관이 건립되었다. 이 같은 도서관 건립 운동은 차츰 근대적 개념의 공공도서관으로 발전하여 오늘에 이르고 있다.

우리는 도서관에서 원하는 책을 마음껏 읽을 수 있다. 도서관은 우리가 원하는 책을 제공해 준다. 그러나 사람들이 도서관을 찾는 이유는 단지 지식을 얻거나 지적 만족을 얻기 위해서만은 아니다. 도서관은 모든 가능성의 세계를 열어준다. 동서고금의 위대한 책들과 만남으로써 우리의 영혼은 한결 깊이가 채워지고 정신은 더욱 빛나게 된다. 책을 읽기 전에는 결코 생각해 본 적이 없는 창조적인 아이디어를 떠올리게 되고, 스스로가 원하는 삶을 살아가는 자양분을 섭취하게 된다.

도서관은 독자를 개발하기 위해 부단히 노력한다. 책이 인류문명사에서 그 무엇보다 중요한 역할을 해왔음에도 불구하고 오늘날 책은 점점 더 외면받고 있다. 그래서 사람들이 책을 더 가까이 하고 더 많이 읽도록 하기 위해 전 세계가 나서고 있다. 그 최전선에 도서관이 있다.

오늘날 도서관은 단순히 책만 읽는 곳이 아니다. 미술 전시도 열리고 음악회도 개최한다. 시인, 소설가 등 저자를 초청해 독자와 만나게 하는 초청강연은 어느 도서관 할것없이 연중 개최된다. 아이들을 위한 체험 프로그램과 청소년들의 진로를 도와주는 프로그램도 적지않다.

도무지 도서관 공간이라고는 생각되지 않는
호주 빅토리아 주립도서관의 한 모습.

세계의 많은 책축제들이 도서관을 기반으로 개최된다. 우리 나라에서도 책축제를 개최하는 도서관이 여럿이다. '책읽는 도시'를 표방한 많은 도시의 사업도 도서관을 기반으로 펼쳐진다.

도서관은 그 기능과 성격이 많이 변모하고 있다. 책을 읽는 데서 나아가 자기를 표현하고, 아이디어를 얻게끔 하는 방향으로 나아가고 있다. 호주 멜버른의 빅토리아 주립도서관 입구를 들어서면 시원하고 세련된 로비 옆에 꽤 넓은 방이 하나 있다. 컴퓨터 서너 대와 텔레비전 디스플레이 몇 대 외에는 의자만이 듬성듬성 놓여 있을 뿐이다. 도서관에 어울리지 않아 보이는 울긋불긋한 쿠션 의자가 바닥 여기저기에 무심히 놓여 있다. 아이들은 쿠션에 드러눕기도 하고 뒹굴기도 한다. 자유분방한 모습으로 체스를 두는 사람들도 있다. 도무지 도서관이라고는 상상되지 않는 풍경이다. 이 같은 방을 도서관 입구에 설치해 둔 데는 깊은 뜻이 숨어 있을 것이다.

빅토리아 주립도서관 건물 한켠에는 문학 독서운동을 펼치는 별도의 독립기구 윌러 센터The Wheeler Center가 자리하고 있다. 윌러 센터의 캐치프레이즈는 '책Books, 글쓰기Writing, 아이디어Idea'이다. 윌러 센터 안에는 빅토리아 주 작가협회, 시인협회, 멜버른 문학축제 사무국 등이 들어 있는데, 서로 도움을 주고 받으며 책과 문학의 지평을 넓혀가는 데 힘을 쏟고 있다.

대화하는 인간:
살롱에서 독서 클럽까지

문자가 없던 시절은 말할 것도 없거니와 문자의 시대가 도래한
이후에도 대화는 진리를 탐구하는 중요한 수단이었다. 교양을
탐하는 지배계급과 인문주의 전도사들의 이해가 일치해 탄생한
공간이 유럽의 17~18세기를 풍미한 살롱이다. 여럿이 함께
책을 읽고 토론하는 문화는 살롱, 카페, 독서 클럽을 거쳐
제2차세계대전 이후 책축제로 진화한다.

*

오늘날 지구촌에서 가장 뜨거운 지식 컨퍼런스의 대명사
는 아마도 테드TED일 것이다. '공유할 가치가 있는 생각'을 널
리 퍼뜨림으로써 세계를 바꿔나가자는 게 테드의 철학이다.
테드의 운영은 일견 모순적이다. 컨퍼런스에 참가하기 위해서
는 수천 달러의 참가비를 내야 한다. 그러나 강연 동영상은 누
구라도 무료로 들을 수 있다. 엘리트 주의와 대중주의의 교묘

한 절충이랄까.

해마다 두 차례 열리는 테드 컨퍼런스에 전 세계의 내로라 하는 사람들이 참가하지 못해 안달하는 이유는 무엇일까? 그 것은 세계를 이끌어가는 영향력 있는 사람들과 직접 만날 수 있기 때문이다. 가장 뜨거운 이슈에 대한 현장감 있는 통찰력 과 영감을 얻을 수 있기 때문이다. 세계 최대 책축제인 헤이 축 제는 함께 모여 우리가 사는 현재의 세상과 미래를 상상해 보 자고 한다. 지적 모험이 가득한 대화를 나누자는 것이다.

문자가 없던 시절은 말할 것도 없거니와 문자의 시대가 도 래한 이후에도 대화는 진리를 탐구하는 중요한 수단이었다. 플라톤의 《대화편》은 소크라테스의 대화를 기록한 책이다. 공자의 사상을 집약한 《논어》 역시 제자들과의 대화집이다. 로마 시대의 키케로를 비롯한 동서양의 수많은 지식인들이 대 화 형식으로 자신의 사상을 펼쳤다.

| 지적 모험의 세계, 대화

인문 교양을 중시한 르네상스의 기운은 전 유럽으로 전파 되었다. 사람들은 교양인을 전범으로 삼았다. 여기에 기름을 부은 것은 인쇄술의 발명이었다. 인쇄본이 보급되면서 독서문

1660년대 파리의 살롱에서 신작을 낭독하는 작가 몰리에르.

화가 태동하였다. 개인이 책을 소장하고, 새로 출간된 책을 구해 읽는 문화가 등장한 것이다.

교양을 탐하는 지배계급과 인문주의 전도사들의 이해가 일치해 탄생한 공간이 17~18세기 유럽을 풍미한 살롱이다. 살롱은 멀리는 중세의 궁정문화, 가까이는 르네상스 기의 이탈리아에 뿌리를 두고 있지만, 프랑스에서 꽃을 피웠다.

형식적인 측면에서 살롱의 독특함은 주로 여성들이 개설하고 운영하였다는 점이다. 그들은 지적 소양을 갖추고 예술적 감각을 지닌 교양인으로서 자신들의 미모와 재치를 활용해 사회 명사들을 회원으로 끌어들였다. 기사와 귀부인의 사랑이라는 궁정풍 사랑의 모델이 살롱 문화에 녹아들었다 할 수 있다. 재력을 갖춘 귀부인들은 문인, 재사 들의 패트런이 되었다. 그들은 자신의 개인저택에 남성 엘리트들과 만나는 대화의 장을 개설하였다. 살롱의 출현이다. 17세기를 갓 들어서면서의 일이다.

대부분의 살롱은 문예적 색채가 강하였다. 시, 소설 등의 문학작품 낭송은 물론 연극을 무대에 올리기에 앞서 극작가가 자신이 쓴 대본을 낭독하였다. 여성들이 학문에 깊이 정진할 기회가 적었던 초기에는 여성 참가자들을 위한 소설 작품 낭독이 인기를 끌었다. 낭독된 작품 가운데는 금서목록에 오른 것들이 많았다. 살롱 문화의 비판적 특징이 자연스럽게 희귀본이

17세기 영국 런던의 커피하우스.

나 금서에 관심을 갖게 만들었다. 이들 서적의 독서를 통해 살롱의 지적 수준을 높이는 한편 사회에 대한 계몽 역할을 수행하였다. 음악회와 미술 전시회를 개최하기도 했다. 살롱은 지식인들과 예술인들을 연결하는 문예 후원의 고리였다.

18세기에 들어서면 살롱의 수가 급증하게 된다. 부를 축적한 부르주아지의 성장과 궤를 같이한다. 살롱의 성격도 변화한다. 예술이나 도덕에 관한 주제를 다루던 데서 정치, 사회, 사상, 종교, 과학 같은 주제로 바뀐다. 현실사회 문제로 관심의 영역을 넓히면서 살롱은 계몽사상가들의 거점으로 변모한다. 그들은 대학을 기반으로 하던 보수적인 집단과 대립각을 세우면서 새로운 사회사상을 설파하고 옹호하였다.

한편 1760년대 이후에는 남성들이 운영하는 살롱이 등장한다. 형식에 치우치고 대화의 주제가 제한적인 여성 살롱에 대한 불만을 해소하기 위해서였다. 이들 살롱에서는 좀 더 대담한 주제들이 다루어졌다.

살롱이 긍정적인 역할만을 했던 것은 아니다. 궁정문화에 뿌리를 두고 있는데다, 귀족과 부르주아지의 사교장이었던 만큼 태생적 한계가 있었다. 정계나 문화계의 뒷이야기와 음담패설이 오가는 곳일 뿐, 문학, 예술은 여흥을 위한 수단이었다는 비판에서 자유로울 수 없다. 살롱을 무대로 한 음모와 스캔들도 끊이지 않았다.

프랑스에서 꽃핀 살롱 문화는 유럽 여러 나라로 퍼져나가면서 프랑스 문화를 전파하였다. 18세기의 유럽은 프랑스의 시대라 할 만했다. 유럽 살롱의 규범은 프랑스의 살롱을 따라 만들어졌다. 독일의 살롱은 프랑스 살롱의 고전적 형식이 도입되어 문학 예술적 성격이 강하였다. 독일 낭만주의 문학은 살롱 문화의 번성에 힘입은 바 크다. 살롱 문화는 유럽 도처로 퍼져나가며 세계주의 전통을 만들어내었다.

영국에서는 살롱이 번성하는 대신 커피하우스라는 독자적인 문화가 형성되었다. 프리메이슨 결사단을 비롯한 비판적 지식인들이 커피하우스에 모여 책과 신문을 읽고 토론했다. 커피하우스는 문예 비판과 정치 비판의 중심지가 되었다. 프랑스의 살롱과 달리 커피하우스에는 남성만이 출입하였다.

| 살롱에서 카페,
     그리고 독서 클럽으로

회원들 간의 동등한 대화 문화를 지향했지만, 살롱이 폐쇄적 엘리트 주의를 벗어나기는 어려웠다. 이를 극복하면서 탄생한 공간이 카페다. 카페는 모든 사람들에게 개방되었다. 개방성만큼이나 더 자유로운 대화와 토론의 장이었다.

보불전쟁을 두고 치열한 토론이 벌어지고 있는 파리의 카페.
《런던 뉴스》 1870년 9월 17일자에 실린 프레드 버나드의 일러스트레이션.

    형태적으로는 개인주택에서 사교 공간이 분리되면서 발생하였다고 할 수 있다. 살롱 문화가 퇴조하던 19세기에는 카페가 사교의 중심지가 되었다. 19세기 말 20세기 초의 파리가 유럽 문화예술의 중심이 된 데는 유럽 각국에서 수많은 예술가들이 파리로 몰려든 사실과 함께 그들의 온상이 된 카페 문화를 꼽지 않을 수 없다. 담론의 공간이자 실천적 지성의 공간이었던 카페 문화는 유럽은 물론 라틴아메리카 등 전 세계로 퍼져 나갔다.

    책의 수요는 점점 늘어났고, 많이 팔려나갔다. 하지만 19세기에 접어들어서도 책값은 여전히 비쌌다. 책 한 권 값이 노동자들의 주급을 상회했다. 책을 살 수 없는 사람들은 독서 클럽을 드나들었다. 19세기 초의 파리 시내에만 5백여 곳의 독서 클럽이 문을 열고 있었다. 장서를 빌려 읽고 사람들과 담론을 나누는 독서 클럽은 회비를 내는 회원제로 운영되었다. 당시의 독서 클럽은 상업적 성격의 도서대여점과 유사한 측면도 있었으나, 공공도서관이 발달함에 따라 도서관을 기반으로 한 독서 클럽으로 발전해 나갔다.

    여럿이 함께 책을 읽고 토론하는 문화는 살롱, 카페, 독서 클럽을 거쳐 제2차세계대전 이후 책축제로 진화한다. 사회가 발전하고 정보가 넘침에 따라 사람들은 더욱 정제된 정보를 얻고 싶어한다. 지식사회로 진입함에 따라 학술적인 성격의 세미나, 심포지엄이 넘쳐나지만, 일반대중들의 지적 갈증은 여전하였다. 도서관, 서점, 문화 센터 들이 단발성 기획행사를 우후죽순 내놓는 한편으로 좀 더 체계적이고 큰 규모의 책축제가 등장하기 시작하였다.

한켠에서는 다보스 포럼이니, 보아오 포럼이니 하는 정치적 색채를 띠는 큰 규모의 지식행사에서부터 테드 컨퍼러스 같은 글로벌 지식 네트워크가 지평을 넓혀가고 있다. 같은 관심을 갖는 사람들이 만나 세상에 대한 이해를 깊게 하는 플랫폼이라 할 수 있다.

도서전의
시대가 열리다

도서전이 개최되던 초기부터 도서전에 내재되어 있던
또 하나의 성격은 축제였다. 도서전이 열릴 때면 유럽 각지에서
지식에 목마른 사람들이 모여들었다. 도서전 현장뿐 아니라
시내 곳곳에서 토론이 벌어지고, 밤새 함께 어울렸다.
도서전의 성격에 변화가 일어나는 것은 1960년대 들어서이다.
해외 출판사들의 참가가 괄목할 만하게 늘어나면서 출판사와
출판사 사이의 거래로 방향이 바뀌게 되었다.

*

근대 인쇄술의 등장과 함께 폭발적으로 책의 독자가 늘어
났다. 필사본 시대에는 소수의 특권층만 책을 소유할 수 있었
다. 더 이상 그 같은 제약은 사라졌다.
르네상스를 거치면서 '완전한 인간'의 조건에 인문 교양이
추가되었다. 성직자, 귀족에서부터 지식인들과 부를 일군 상

인들까지 책을 소장하기 위해 혈안이 되었다.

종이로 찍은 인쇄본의 가격도 일반인들은 엄두도 낼 수 없는 비싼 가격이었다. 그럼에도 근대 인쇄 초창기의 요람본 incunabula들은 2백 부에서 5백 부 남짓 제법 많은 부수가 인쇄되었다.

《42행 성서》가 간행된 지 불과 50년도 지나지 않아 유럽 각지에 120개가 넘는 출판업자가 등장하였다. 가장 중요한 도시는 뉴렘베르크, 리용, 베니스, 파리 등이었다. 이들 도시를 포함해 리용, 스트라스부르, 바젤, 라이프치히 같은 출판인쇄 중심지에는 책을 팔고 사는 시장이 형성되었다. 책 시장은 차츰 도서전book fair으로 발전하였다.

| 도서전의 등장

근대 인쇄술의 발상지인 마인츠가 주교좌를 둘러싼 정치적 혼란에 빠지자, 구텐베르크의 후계자인 푸스트와 쉬퍼는 1462년에 인근의 프랑크푸르트로 근거지를 옮겼다. 그들은 자신들의 출판물을 프랑크푸르트 페어에 출품하였다. 프랑크푸르트에서 언제부터 도서전이 시작되었는지 공식기록은 없지만, 프랑크푸르트는 다른 유럽 도시들과의 경쟁에서 중요한

위치를 점하게 되었다.

수세기 동안 프랑크푸르트는 독일 정치, 경제의 중심지였다. 12세기 중반부터 프랑크푸르트는 페어를 개최해 왔다. 페어는 일정 기간 동안 특정장소에서 상품을 사고 파는 시장을 일컫는다. 프랑크푸르트 페어의 한 부문으로 1370년에 도서전이 개최되었다는 기록이 있다. 물론 필사본이 거래되었다.

본격적인 도서전과 책의 거래가 구텐베르크 시대에 와서 시작되었음은 두말할 필요가 없다. 1488년의 프랑크푸르트 시 회계자료에 의하면 도서전의 부스 임대비는 전체 페어의 12분의 1 수준이었다. 여전히 전체 페어의 한 부문에 속했지만, 도서전의 규모는 다른 웬만한 부문을 능가하였다.

15세기 후반부터 18세기 중반까지 프랑크푸르트는 출판물 거래시장으로서 높은 명성을 얻었다. 프랑크푸르트 도서전에는 독일은 물론 런던, 파리, 베니스 등 유럽 전역에서 출판인쇄업자들이 몰려들었다. 이 당시 프랑크푸르트는 출판물 인쇄의 중심지가 아니었다. 15세기 말까지 출판된 1만 3천여 종의 90% 이상이 라틴어였으며, 절반 넘게 이탈리아에서 출판되었다. 독일은 그 절반에 불과하였고, 그나마 프랑크푸르트에서 출판된 책은 미미하였다. 대학도 없었다. 그럼에도 유럽 출판시장의 선두에 섰던 것이다.

도서전에서는 출판인쇄업자들이 부스를 마련해 독자들에

도서전에 참가하기 위해 책을 운송하는 일은 몹시 힘든 여정이었다
(17세기 서적상의 모습).

게 소매로 책을 팔았다. 중세 이래로 오직 승인된 페어에서만 책을 팔고 사는 것이 원칙이었다. 그 같은 원칙이 프랑크푸르트 도서전을 반석 위에 올려놓은 밑거름이었다. 12세기 무렵 런던에 서점이 존재하였다는 기록이 있기는 하지만, 본격적인 서점의 시대는 18세기 계몽주의 시대를 기다려야 했다.

도서전에는 책의 저자와 지식인들도 달려왔다. 도서전은 기본적으로 출판인쇄업자들이 자신들이 만든 책을 파는 상업적인 성격을 띠었다. 하지만 사람들은 책을 지식의 보고이자 문화 교환의 매개체로 여겼다. 도서전이 열릴 때면 프랑크푸르트 도시 전체에 활기가 넘쳤다. 곳곳에서 지식인들이 책을 주제로 토론을 벌였고, 밤새워 먹고 마시며 축제를 즐겼다.

당시의 출판인들은 대부분 지식인들이었다. 에라스무스 같은 당대를 대표하는 인문주의자도 출판에 뛰어들었다. 인문주의자들에게 절실히 필요했던 것은 자신들의 독자와 동료 학자들에게 인쇄된 책을 공급하는 일이었다. 이 같은 배경 속에서 책 시장의 팽창이 일어났다.

17세기 계몽주의 시대에 들어서면 교양을 위해 책을 소장하고 독서하는 독서인이 등장한다. 이들은 서재를 꾸미는 데 노력을 기울임으로써, 이들에 의해 장서를 위한 책의 구매가 이루어졌다.

| 프랑크푸르트와
라이프치히의 경쟁

유럽 국가들은 16세기 초부터 종교개혁을 둘러싼 거대한 격랑에 휩쓸려든다. 정치정세는 도시간의 도서전 경쟁구도에도 큰 영향을 끼쳤다. 신교와 구교간의 치열한 전쟁인 17세기 초반의 30년전쟁(1618~1648)은 프랑크푸르트 도서전이 내리막길을 걷게 한 원인 가운데 하나다. 신교와 구교 사이에서 줄타기를 하던 프랑크푸르트의 미온적인 정책에 불만을 품은 가톨릭 계열의 출판인쇄업자들은 잘츠부르크와 프라하로 발길을 돌렸다. 그곳은 가톨릭의 영향이 여전히 견고한 곳이었다.

뿐만 아니라 가톨릭 교회는 엄격한 도서 검열 정책을 강요하였다. 가톨릭 교리에 위반되는 금서를 지정해, 이들 출판물을 소유하거나 판매하거나 독서하는 사람을 파문하는 내용이었다. 이 같은 검열은 사상의 자유를 기반으로 하는 도서전의 정신에 반하는 것으로서 도서전의 몰락을 가속시켰다.

한편 17세기 말 프랑크푸르트는 스페인 왕위계승전쟁의 영향으로 경제상황이 더욱 악화되었다. 유대인 대부업자들의 고리대금에 의존하게 된 많은 출판사들은 큰 빚더미에 올라앉았다. 프랑크푸르트의 출판업은 쇠퇴할 수밖에 없었고, 도서전의 입지도 크게 축소되었다.

라이프치히 마르크트 광장에서 열린 1880년 무렵의 메세.

프랑크푸르트 도서전의 유럽 내 가장 강력한 경쟁자는 같은 독일의 라이프치히였다. 라이프치히는 1478년에 처음 도서전을 개최하면서 독자적인 도서전을 발전시켰다. 라이프치히 상인들은 프랑크푸르트에 비해 합리적이고 유연하였다. 게다가 전쟁의 피해가 적었고, 프로테스탄트로 통일되어 사상의 혼란이 적었다. 18세기 후반부터 150여 년간은 라이프치히 도서전의 시대였다.

라이프치히 도서전은 고도의 성공적인 책 거래 시스템을 창안하였다. 전 세계를 상대로 책을 판매하는 조직체계를 구축하고, 합리적인 계약에 의해 뒷받침되도록 하였다. 이것은 오늘날도 작동하는 시스템으로 현대 도서전의 모델을 완성시켰다 할 수 있다.

19세기 말부터 20세기 전반의 시기는 프랑크푸르트, 라이프치히 모두 고전한 시기이다. 두 도시 모두 도서전의 전통을 부활하려 노력하였으나, 두 차례의 세계대전을 겪으며 번번이 고배를 마셨다.

| 저작권을 팔고 사는 도서전

2차대전 후 폐허 속에서 다시 도서전을 재건하려는 움직

임이 전개되었다. 먼저 움직인 것은 라이프치히였다. 1946년에 평화 도서전을 개최하였다. 그러나 큰 결실을 맺지 못한 채 4백여 곳의 출판사와 관련단체들이 라이프치히를 떠남으로써, 도서전은 동력을 잃고 말았다.

프랑크푸르트 도서전은 1949년 부활하였다. 이듬해의 도서전에 360곳의 독일 출판사와 백여 곳의 해외 출판사가 참가하면서 성공적인 안착을 하게 되었다. 그 후 해마다 성장을 거듭하며 세계를 대표하는 도서전으로 성장하였다.

프랑크푸르트 도서전의 성공에 힘입어 오늘날 전 세계의 수많은 나라들이 도서전을 개최하고 있다. 프랑크푸르트 도서전은 이들 도서전의 원형이자 모델이다. 도서전이 원래 출판 인쇄업자와 소비자 사이의 거래 위주였음은 이미 살펴본 바 있다. 이 같은 성격은 2차대전후 부활된 프랑크푸르트 도서전에서도 달라지지 않았다.

도서전의 성격에 변화가 일어나는 것은 1960년대 들어서이다. 해외 출판사들의 참가가 괄목할 만하게 늘어나면서 출판사와 출판사 사이의 거래로 방향이 바뀌게 되었다. 다른 언어로의 번역 저작권, 2차 저작권, 라이센스, 공동 생산 등의 비즈니스가 중심이 되었다. 오늘날 도서전을 견본시見本市로 성격을 규정하는 이유는 이 때문이다.

현재 약 80여 개 가까운 도서전이 세계 도처에서 열린다.

그 가운데 국제출판협회IPA가 공인한 도서전은 한때 40여 곳에 이르렀지만, 지금은 많이 줄었다. 도서전을 개최하는 목적의 앞순위는 당연히 자기나라 도서의 해외 판권 수출일 것이다. 그러나 원론적 의미에서 그 같은 목적에 부합하는 내용을 갖춘 도서전은 4,5곳에 지나지 않는다. 프랑크푸르트 도서전을 비롯해 볼로냐 국제어린이도서전, 런던 도서전, 베이징 도서전 정도이다.

그런데도 세계 각국이 힘들여 국제도서전을 개최하는 이유는 무엇인가? 그것은 다름아닌 출판문화의 특수성 때문일 것이다. 출판은 언어와 문자에 기초한다. 독자적인 언어와 문자를 사용하는 나라는 생각만큼 많지 않다. 도서전에는 자국어를 지키고 발전시키려는 내면의 문화적 목표가 담겨 있다. 출판문화의 국제교류 및 자국문화의 소개라는 표면적인 목표 역시 시장의 자발성보다는 각국 정부의 정책의지에 힘입고 있다.

저작권을 팔고 사는 도서전으로서의 기능에 한계가 있다보니 대부분의 도서전은 흥행 면에서 고전을 면치 못한다. 그리하여 우선 자국의 출판산업 종사자들을 모으기 위해 출판산업의 문제를 진단하고 발전 방향을 모색하는 심포지엄, 출판인의 밤 같은 이벤트들이 준비된다. 저자를 초청해 독자와 만나게 하는 다양한 행사도 부대 프로그램으로 마련된다. 고서 및 일러스트 전시회, 책 할인 판매 이벤트는 기본이다. 산업

그림책 저작권 거래가 활발히 이루어지는 볼로냐 국제어린이도서전.

적인 측면에서부터 독서 진흥, 축제적인 성격의 이벤트까지 한데 버무린 종합 선물 세트 같다고나 할까.

디지털 정보화 시대에 들면서 도서전에서 최신의 출판 정보를 얻고 저작권 계약이 이루어지는 비율은 점점 줄어들고 있다. 다시 한 번 도서전의 변신이 불가피해 보인다.

책축제: 새로운 시대의
지식 공유 플랫폼

책축제는 영국 문화 생활의 특징으로 자리 잡았다.
그도 그럴 것이, 영어권 문학축제를 모아놓은 웹사이트에
가보면 영국과 아일랜드에서 개최되는 책축제 목록이
350여 개나 나열되어 있다. 책축제야말로 새로운 시대가
요구하는 지식 공유의 플랫폼이다.

*

| 세계 최초의 책축제

도서전은 출판인들이 중심이 되어 운영한다. 근대 초기의
도서전도 마찬가지였다. 책을 판매하기 위해 수레를 끌고 먼
길을 달려온 인쇄업자들이 곧 출판인이었기 때문이다. 오늘날
의 도서전은 출판사와 저작권 에이전시가 중심이 되어 저작권
을 거래하는 비즈니스가 핵심이다.

하지만 도서전이 개최되던 초기부터 도서전에 내재되어 있던 또 하나의 성격은 축제였다. 도서전이 열릴 때면 유럽 각지에서 지식에 목마른 사람들이 모여들었다. 도서전 현장뿐 아니라 시내 곳곳에서 토론이 벌어지고, 밤새 함께 어울렸다.

오늘의 도서전은 2차세계대전의 폐허 속에서 부활한 것이다. 라이프치히는 1946년, 프랑크푸르트는 1949년 부활의 깃발을 들어 올렸다. 라이프치히는 평화 도서전을 내걸었다.

영국의 에든버러는 1947년에 에든버러 국제 페스티벌을 출범시켰다. 전쟁의 상처를 이겨내고 인간성을 회복하기 위한 몸짓이었다. 에든버러 국제 페스티벌은 에든버러 프린지와 어울리면서 현존하는 세계 최대의 예술제로 성장하였다.

에든버러에 앞서 잉글랜드 서부의 작은 도시 첼트넘에서는 음악축제가 열렸다. 이어서 첼트넘 문학축제Cheltenham Literature Festival가 시작되었다. 1949년의 일이다.

첼트넘 문학축제는 오늘날 세계 여러 나라에서 개최되는, 저자가 중심이 되어 독자와 소통이 이루어지는 책(문학)축제의 효시이자 모델이다. 앞이 보이지 않던 어둠의 시대에 문학축제가 지방 소도시에 뿌리 내릴 수 있었던 문화적 자양이 부럽다.

그로부터 30년도 더 지난 1983년이 되어서야 책축제가 도약을 시작하는 만큼, 첼트넘의 사례는 몹시 특이한 경우다. 에

2016년 헤이 축제에서 저자와의 대담이 진행되고 있다.

든버러 국제책축제를 가리켜 '용감한 모험'이라고 쓴 표현을 본 적이 있다. 저자 라이브 이벤트의 전통이 아직 확립되기 전이기 때문에, 참가자에게 입장료를 받고 진행하는 책축제는 상당한 모험이 아닐 수 없었다.

　도서전과 책축제 사이에 곁가지 에피소드를 끼워넣자면, 스페인 카탈루냐 지방의 성 게오르기우스 축제를 들 수 있다. 4월 23일 성 게오르기우스의 날에 남성이 사랑하는 여성에게 장미꽃을 선물하는 전통에서 착안한 서적상들이 장미꽃을 받은 여성이 그 대신 책을 선물하는 이벤트를 시작한 것이다. 그리하여 1926년부터 바르셀로나에서는 성 게오르기우스의 날에 책과 장미 축제가 동시에 열리게 되었다. 축제와 결부된 책 판매 이벤트로서 독자적인 책축제로는 발전하지 못했다. 하지만 모든 것은 어디선가 소소한 아이디어에서 시작되는 법이다. 이 이벤트가 발전하여 '세계 책의 날'이 되고, 어떤 면에서는 전 세계에 걸친 가장 큰 책축제로 자라났으니.

|　　책축제의 시대

에든버러에 이어 1988년 영국 헤이온와이에서 책축제가

시작되었다. 에든버러 국제책축제와 헤이 축제는 현재 전 세계 책축제 가운데 가장 명성이 높은 축제다. 그리고 많은 사람들이 성공적인 안착이 쉽지 않을 것이라고 우려하였음에도 보란 듯이 세계 최고의 책축제로 성장하였다. 그 후 영국 전역에 두 축제를 본뜬 책축제가 우후죽순처럼 생겨났다. 이 같은 흐름은 영어권 나라를 시작으로 전 세계로 퍼져나가고 있다.

책축제가 영국 문화 생활의 특징으로 자리 잡았다는 평가가 나올 정도다. 그도 그럴 것이, 영어권 문학축제를 모아놓은 웹사이트literaryfestivals.co.uk에 가보면 영국과 아일랜드에서 개최되는 책축제 목록이 350여 개나 나열되어 있다. 그 밖의 영어권 나라에서 열리는 책축제 목록도 백여 개에 이른다.

웰스 문학축제The Wells Festival of Literature 웹사이트는 영국 서남부의 작은 도시 웰스Wells에서 책축제가 어떻게 열리게 되었는지를 보여준다. 1990년 첼트넘 문학축제에 참가한 두 여성이 강연을 기다리며 차를 마시고 있었다.

"문학에 대한 열정이 이렇게 뜨겁다니 대단하지 않아요?"

"그래요. 우리 웰스에는 이런 축제가 없다는 게 유감이죠. 음악 행사는 많지만, 책 독자를 위한 행사는 아무 것도 없으니…"

"우리가 해보면 어때요?"

많은 청중이 운집한 브라질 보투포랑가 문학축제의 한 장면.

"정말 좋은 생각이에요."

웰스로 돌아온 두 사람은 그 고장에 사는 작가, 도서관 사서, 시의회 의원 등을 쫓아다니고 규합해 축제를 만들어냈다. 그리하여 2년 후인 1992년 가을에 웰스 문학축제가 시작되었다. 이처럼 몇몇 사람의 목적의식적인 노력에 의해 책축제가 만들어지는 경우가 있는가 하면, 그 고장의 문화적 자산에 바탕해 책축제가 탄생하는 경우도 있다. 세계 최초의 책마을을 발판으로 한 헤이 축제와 세계 최대의 고서점가에서 열리는 간다 고서축제 같은 경우가 후자의 대표 격이다. 대학 도시 옥스퍼드에서 열리는 옥스퍼드 문학축제, 축제의 도시 에든버러에서 탄생한 에든버러 국제책축제, 유명 시인을 여럿 배출한 역사적 뿌리를 배경으로 한 레드버리 시축제도 이 범주에 넣을 수 있겠다.

인도 자이푸르, 프랑스 앙굴렘, 오스트레일리아 클룬스, 미국 마이애미 등은 책이나 문학과 큰 관계가 없음에도 불구하고 사람들의 노력에 의해 책(문학)축제를 만들어내었다. 이들 도시는 역으로 책축제의 성공에 힘입어 문화도시로 면모를 새롭게 한 경우다.

특이한 사례도 있다. 미얀마의 이라와디 문학축제Irrawaddy Literary Festival 같은 경우다. 미얀마는 오랫동안 군사정권의 강압 통치 아래 있었다. 그래서 풍부한 문학 자산을 보유한 나라임에도 불구하고 문학은 물론 말할 자유마저 억압당해야 했다. 이 같은 상황을 문학의 힘으로 헤쳐나가기 위해 이라와디 문학축제는 시작되었다. 국제 사회가 연대해 축제에 힘을 실어주고 있다.

| 책축제가
    붐을 일으키는 이유

한때 조만간 책이 소멸하고 말 것이라는 담론이 크게 인 적이 있다. 물론 전 세계적으로 출판산업은 상당히 위태롭다. 그럼에도 불구하고 한동안의 암울한 전망에 비하면 책의 미래는 다소 밝아진 편이다.

책축제가 서구 사회에서 붐을 일으키는 것은 이북이 증가하고 인터넷의 영향력이 지나치게 확대된 데 대한 반작용이라는 분석이 있다. 몹시 흥미로운 이야기다. 독자들이 범람하는 인스턴트 정보에 식상해 하기 시작했다는 것이다. 그럴수록 저자를 만나 이야기를 듣고 함께 토론하는 아날로그 모임에 대한 욕구는 강렬해진다. 저자와의 생생한 만남을 통해 지식 사회의 흐름이 어디로 흘러가는지 직접 느끼고, 미래에 대한 전망을 세울 수 있기 때문이다.

영미권의 책축제는 대단히 인기가 높고 영향력이 크다. 책축제야말로 새로운 시대가 요구하는 지식 공유의 플랫폼이라며 고을마다 마을마다 책축제가 더욱 늘어날 것이라고 전망하는 전문가도 있다.

아시아권이나 아프리카, 남아메리카 지역의 경우는 아직 책축제가 대중적이지 못하다. 그런 만큼 책축제의 영역이 한결 넓어질 것은 분명하다.

2부

책축제는
어떻게
운영되는가

새로운 세상을
상상하라

마을 외곽의 풀밭에 자리한 축제장을 보고서야 '탁 트인 들판을 유유자적'하며 '세상을 개조할 영감'을 상상해 보자는 그들의 말이 한층 실감이 들었다. 태곳적 모습 그대로의 밤하늘과 우리 시대의 가장 앞선 지식인들. 서로 어울릴 것 같지 않은 부조화야말로 새로운 것을 잉태해 낼 탯줄이 될 수도 있겠다는 생각이 들었다.

*

"지금의 세계는 어떠하며 내일의 세계는 어디로 나아가야 하는지 함께 상상하기 위해 헤이Hay는 사람들을 불러 모읍니다. 그것은 새로운 발견, 그리고 지적 모험이 가득한 대화의 장입니다. 우리는 국제적으로 명망 높은 작가, 사상가, 영화감독, 역사가, 소설가, 철학자, 환경운동가, 시인, 과학자 들과 이야기를 나누고 아이디어를 공유합니다. 밤에는 최고의 배우, 음악가 들과 파티를 즐길 것입니다. 세상을 개조할 영감을 얻기 위해 그 거대한 무리가 탁 트인 들판을 유유자적하는 광경을 떠올려 보세요. 빌 클린턴의 말처럼 헤이는 '정신의 우드스탁' Woodstock 입니다."

헤이 축제 홈페이지에서 이 글을 처음 접했을 때 전율이 느껴졌다. 세상을 바꿀 아이디어와 사상을 창조해 내겠다니, 얼마나 오만한 표현인가? 하지만 허투루 쓴 수사적 언어로 여겨지지 않았다. 수십 장을 빼곡히 채우고도 남을 진지함이 넘치는 축제 프로그램의 목록을 보았으니. 눈에 쥐가 나도록 웹사이트를 더듬으면서 부럽기도 하고 오기도 났다.

파주북소리를 만들겠다고 한창 동분서주하던 때다. 파주북소리가 스스로를 '지식 축제'로 규정하고, 축제의 막을 열면서 외람되게도 '아시아 책의 수도'를 선언할 수 있었던 것은 꿈이 옹골차야 한다는 헤이 축제의 가르침 때문이었는지도 모르겠다.

정보 수집만으로는 갈증이 일었다. 그래서 우리는 헤이온와이로 달려갔다. 헤이 축제가 열릴 때였다. 축제장은 거대한 인공 마을이었다. 마을 외곽의 풀밭에 자리한 축제장을 보고서야 '탁 트인 들판을 유유자적'하며 '세상을 개조할 영감'을 상상해 보자는 그들의 말이 한층 실감이 들었다. 드넓은 초지를 보니 밤하늘의 별이 떠올랐다. 알퐁스 도데 때문일까, 파울로 코엘료 때문일까? 태곳적 모습 그대로의 밤하늘과 중세적 신비를 간직한 마을, 그리고 우리 시대의 가장 앞선 지식인들. 서로 어울릴 것 같지 않은 부조화야말로 오히려 새로운 것을 잉태해 낼 탯줄이 될 수도 있겠다는 생각이 들었다. 대도시란 모든 것을 빨아들이는 블랙홀이다. 서울 같은 거대 도시는 더욱 그렇다. 헤이온와이는 순진무구의 마을이다. 그 때묻지 않은 순수 속에서 그들의 옹골찬 꿈이 피어나는 것이리라. 파주북소리의 서광이 보였다.

그들이 이야기하는 축제는 세상의 변화를 꿈꾸는 장이다. 그러기 위해서는 마음을 열고 나와 다른 생각을 하는 사람의 이야기를 받아들이라고 충고한다. 그것이 최신의 아이디어를 얻는 길이라며. 에든버러 책축제 역시 '가장 선진적인 사상가와 작가가 참여하는 최상의 문학적 예술적 프로그램을 통해 세계를 선도하는 문학의 쇼케이스'가 되겠다며, 독서 대중과 다른 지식사회 동료들에게 영감을 불어넣어 주는 만큼 작가들 역시 다른 사람에게서 영감을 얻을 수 있을 것이라고 말한다.

책축제는 결코 작가와 독자가 만나 신변잡기나 나누는 자리가 아니다. 첼트넘 문학축제는 해마다 다음과 같은 우리가 사는 사회를 둘러싼 큰 주제를 다룬다. 민주주의는 위기인가? 기술은 우리의 두뇌를 변화시키는가? 다음 세기는 무엇을 간

2006년 독일 월드컵을 맞아 독일 베를린 베벨 광장에
세워진 조형물.

직할 것인가? 2016년의 주제는 '우리는 우리가 누구라고 생각하는가'였다. 영국의 EU 탈퇴 문제를 둘러싸고 사회가 극도로 분열되어 있던 시기였기에, 어떻게 분열을 극복할 것인지 대안을 찾는 격조 높은 토론 프로그램이 줄지어 진행되었다.

영국 브라이튼 축제Brighton Festival의 책과 문학 이벤트 기획 책임자인 매튜 클레이튼Mathew Clayton은 책축제의 가치에 대해 이렇게 말하고 있다.

"나는 최근에 종교가 어디에서 왔는지에 대한 복잡하고 매혹적인 논쟁을 브라이튼에서 들었다. 다른 어디에서 이 같은 이야기를 듣고, 궁금한 내용을 질문할 기회를 가질 수 있겠는가? 더 이상 텔레비전은 답이 아니다. 나는 축제가 텔레비전이 떠넘긴 지적 공간으로 들어섰다고 생각한다.

문학축제는 역사, 문화, 과학, 아이디어, 종교 같은 진지한 문제에 우리에게 참여할 수 있는 기회를 제공하는 훌륭한 공간이다."

책축제는
문학축제다

문학축제의 한결 같은 특징은 '문학'의 외연이 무척 넓다는
것이다. 정통 문학 장르의 핵심인 시인, 소설가가 중심이 되는
것은 물론이지만, 철학자, 역사학자, 경제학자, 과학자 등 모든
부문의 저자들이 초청된다. 배우, 코미디언, 정치인 들도 단골
초청 멤버다.

＊

"반스 어린이문학축제Barnes Children's Literature Festival가
생김으로써 런던은 이제 세계 수준의 어린이책축제book festival
를 갖게 되었다."

영국 동화작가 사이드S. F. Said의 말을 그대로 옮긴 것이다.
축제 이름이 문학축제라고 되어 있는데도 책축제라고 규정하고
있다. 거꾸로 표현하는 경우도 많다. '위그타운 책축제Wigtown

Book Festival는 열흘간 진행되는 문학축제'라는 식이다.

첼트넘 문학축제에서 에든버러 국제책축제, 헤이 축제로 이어지는 정통적인 형태의 책축제는 그 기본 성격을 문학축제라고 말할 수 있다. 영국에서 열리는 대부분의 책축제는 여기에서 벗어나지 않는다.

미국의 책축제는 도서관이 주도하는 독서계몽축제이거나 책의 판매에 비중을 두는 축제가 많다. 그렇다고 해서 문학축제를 지향하지 않는 것은 아니다. 보스턴 책축제는 '말의 힘을 기리고, 문학과 사상의 문화를 증진'하기 위한 축제라는 점을 분명히 하고 있다.

인도에서 최근 출범한 벵갈로르 문학축제Bangalore Literature Festival는 '문학과 인생에 대한 토론을 이끌어내고 생각을 불러 일으키는 문학축제', '문학적 낭만을 되살리는 문학 콘클라베'를 목표로 한다.

"책축제나 작가축제라고도 알려진 문학축제는 일반적으로 특정 도시에서 해마다 작가와 독자들이 모이는 행사다. 여러 날의 축제 기간 동안 저자들이 강연을 하거나 자신의 책을 낭독하는 다양한 형태의 이벤트가 진행된다."

위키피디아에서 문학축제를 설명하는 내용이다. '책축제'

러시아 시인 푸시킨의 탄생 185주년을 맞아 1984년 모스크바
푸시킨 동상 주변에서 열린 시축제.

'작가축제' '문학축제'가 혼용되고 있음을 말해 준다. '책축제'를 검색하면 곧장 '문학축제' 항목으로 연결된다. '책축제'라는 독자 항목이 없다는 말이다. 또한 작가가 중심이 되는 책축제의 정체성도 잘 설명해 주고 있다.

헤이 축제의 원래 이름은 헤이 문학예술축제Hay Festival of Literature & Arts였다. 헤이온와이라는 책마을에서 열리는 축제이니만큼 '책축제'라는 이름이 들어갈 법하지만 전혀 그렇지 않다. 그 성격 또한 전형적인 지식축제, 문학축제다. 얼마나 그 내용이 알차고 감동적이었으면, 《뉴욕 타임스》가 '영어 사용 세계에서 가장 명망 높은 축제'라고 했겠는가. 헌책으로 먹고 사는 마을임에도 축제장에는 책 판매 부스가 단 하나뿐이다. 초청 받은 작가들의 신간 서적이 진열되어 있으며, 작가 사인회 등에 활용된다. 헤이 축제는 가장 전형적인 책축제의 모델로 일컬어지며, 전 세계의 책축제들이 본받기 위해 노력한다.

한편 이 같은 축제 이름 작명법과 저자를 중심으로 대화와 토론이 진행되는 형식은 지적 토양의 반영이라고 생각된다. 셰익스피어라든지 괴테, 세르반테스 등의 문인들을 숭상하고, 그들의 작품을 즐기는 유럽 지식사회의 전통이 문학을 예술과 뗄 수 없는 관계로 만들어준 것이다.

에든버러 국제책축제가 열리는 8월이면 에든버러 시내 도처에서 프린지 페스티벌을 비롯한 다채로운 예술축제가 열린다. 관객들은 자연스레 다른 장르의 예술과 책축제를 함께 즐긴다. 첼트넘 문학축제도 마찬가지다. 문학축제와 동시에 재즈 축제, 음악축제가 열린다.

멜버른 문학축제Melbourne Writers Festival는 아예 멜버른 국제예술축제의 한 부문으로 출범하였다. 지금은 독립하여 독자적인 축제로 운영된다. 반대의 경우도 있다. 배쓰 문학축제Bath Literature Festival는 20년 넘게 독립적으로 운영되다가 2017년 배쓰 국제음악축제와 통합되었다. 새롭게 출범한 배쓰 축제Bath Festival의 핵심 프로그램은 문학과 음악이다.

이들 문학축제의 한결 같은 특징은 '문학'의 외연이 무척 넓다는 것이다. 정통 문학 장르의 핵심인 시인, 소설가가 중심이 되는 것은 물론이지만, 철학자, 역사학자, 경제학자, 과학자 등 모든 부문의 저자들이 초청된다. 배우, 코미디언, 정치인 들도 단골 초청 멤버다. 그들이 관객을 끌어 모으는 집객 효과가 있어서이기도 하겠고, '책'과 '문학'을 거의 동의어로 바라보는 관점 때문이기도 하다. 하기야 큰 책축제의 경우 천 명 가까운 저자가 초청되니 그 외연을 넓히지 않을 도리가 없을 것이다.

멜버른 문학축제의 리사 뎀프스터Lisa Dempster 디렉터는 이를 '문학의 민주화'라고 설명한다.

"너무 큰 목소리가 아니길 바라지만, 문학의 민주화를 말하고 싶습니다. 문학은 물론 매우 중요합니다. 멜버른 문학축제에서 오랫동안 공들여 오기도 했고요. 하지만 오늘날 사람들은 다양한 종류의 책을 읽습니다. 그래서 우리는 우리 축제의 프로그램이 다양한 범주의 사람들에게 다가갈 수 있기를 원합니다. 책을 꼭 좋아할 필요까지는 없지 않느냐고 생각하는 사람들에게까지 말입니다."

저자는
왜 책축제를 찾는가

헤이에 머물 때면 내가 마치 페미니스트 운동의 한 부분이
된 것처럼 느껴진다. 서로 다른 아이디어와 의견이 끊이지 않고
이어지는 모습은 얼마나 흥미진진한가. 배우고 받아들여야
할 것이 천지라는 사실을 실감하는 순간 어찌 격한 감정에
사로잡히지 않을 수 있으랴.

　　　＊

　저자들은 왜 책축제를 찾는 것일까? 물론 프로그램에 초
대 받지 않은 작가와 지식인 가운데도 책축제를 즐겨 찾는 사
람들이 많다. 그 경우는 독자들이 책축제를 찾는 범주에 넣기
로 하고, 여기서는 초청 받은 작가들이 즐거이 축제장으로 달
려가는 이유를 헤아려 보기로 한다.
　우선 독자를 만나는 큰 기회이기 때문이다. 자신의 책을
사랑하는 독자를 만난다는 것은 즐거운 일이다. 요즘처럼 저

가장 뛰어난 미국 작가의 한 사람으로 평가 받는 조이스 캐롤 오츠가
마이애미 국제책축제에서 자신의 문학세계를 들려주고 있다.

자들이 소셜 미디어 채널을 운영하고 팬클럽을 보유한 시대에는 더욱 그렇다. 한편 책축제는 자신의 독자를 늘릴 수 있는 기회이기도 하다. 축제장에는 세대가 다르고, 관심 영역이 다르지만 한결같이 새로운 지식과 아이디어에 목말라 하는 독자들이 모이기 때문이다.

보다 현실적으로는 자신을 대중에게 알리고 자신의 책을 홍보할 수 있기 때문이다. 책축제는 책을 매개로 저자와 독자가 만나는 자리다. 더욱이 초청 받은 작가는 신간 서적을 출간한 지 얼마 되지 않았다. 책축제는 저자의 팬층을 키우면서 책을 홍보할 수 있는 유력한 플랫폼이 될 수 있다. 오늘날 규모가 큰 유력 책축제의 영향력은 매우 괄목할 만하다. 영어권 책축제의 경우 자국을 넘어 국제적인 마케팅의 장으로까지 성장하였다.

또한 책축제장을 찾는 독자들은 도서 블로그를 운영한다든지 영향력이 큰 독자들이 많다. 독서 모임 등에 참여하는 독자의 비율도 높다. 전 세계적으로 전통적인 서점의 수는 크게 감소하였다. 미디어에서 다루는 서평의 수도 줄었다. 그 빈 자리를 메운 것은 도서 블로거들이다. 순수 독자들에 의한 비상업적인 움직임이 출판문화를 지탱하고 있다는 것이 안목 있는 사람들의 분석이다. 자신의 목소리로 책을 이야기하는 새로운 독자들이 출현한 것이다.

언론의 영향력도 함께 고려되어야 한다. 많은 책축제들이 언론과의 협력 속에서 성장하고 있다. 책축제는 지식사회의 새로운 이슈를 만들어내고, 언론은 이를 다룬다. 많은 책축제 프로그램이 텔레비전과 라디오 전파를 타고 방송된다. 저자들이 책축제를 외면할 수 없는 생태계가 만들어지고 있는 것이다.

이제 책축제에서 주목 받는 일 없이 저자로 성공하기 어렵다는 말까지 나온다. 영국의 4대 책축제인 옥스퍼드 문학축제, 헤이 축제, 에든버러 국제책축제, 첼트넘 문학축제에서만 2천 개 이상의 저자 토크가 진행된다. 돈을 내고 표를 산 관객만 60만 남짓이다.

책축제가 저자에게 강연료로 지불하는 돈은 얼핏 보아 인색하기 짝이 없다. 그나마 대우를 잘 해주는 축인 에든버러 국제책축제는 모든 초청작가들에게 2백 파운드씩을 지급한다. 노벨상 수상 작가라도 예외가 없다. 대신 이름없는 신진 작가도 동등한 대접을 받는다. 이 같은 정책에 대해 대부분의 작가들은 바람직한 것으로 받아들인다. 특히 에든버러가 속한 스코틀랜드 출신 작가들의 지지가 높다. 강연료 대신 치즈나 와인 몇 병을 지급하는 경우도 많다. 옥스퍼드 문학축제나 헤이 축제도 와인 같은 것으로 대신하는 비율이 꽤 된다. 그래도 작가들이 책축제를 외면하지 않는 이유는 그만한 무형의 반대급부가 있기 때문일 것이다.

저자보다도 책을 펴낸 출판사에서 책축제의 무대를 마케팅 공간으로 활용하려는 움직임이 나타나고 있다. 출간한 책을 축제 사무국에 보내는 등 자신들이 후원하는 저자가 축제에 초청될 수 있도록 노력한다.

인기 작가의 강연장에는 입장권을 구입한 독자들이 빼곡히 들어찬다. 독자들은 청중에 머물지 않고 저자와의 진지한 토론을 즐긴다. 그것은 문학, 역사, 과학, 정치, 종교 등 지식사회 전반의 주제에 걸쳐 한결같다.

또한 저자를 위한 파티도 준비된다. 다른 분야의 지식인들과 격의 없는 대화를 나눌 수 있는 자리다. 헤이온와이 같은 외딴 시골마을의 축제날 밤은 마치 저자를 위한 축제 속의 축제 같다고나 할까. 그래서 초청 작가로 헤이 축제를 방문한 페미니스트 활동가 로라 베이츠는 다음과 같은 글을 남기고 있는 것일 게다.

"헤이에 머물 때면 내가 마치 페미니스트 운동의 한 부분이 된 것처럼 느껴진다. 서로 다른 아이디어와 의견이 끊이지 않고 이어지는 모습은 얼마나 흥미진진한가. 배우고 받아들여야 할 것이 천지라는 사실을 실감하는 순간 어찌 격한 감정에 사로잡히지 않을 수 있으랴. 정말 역동적이고 낙관적이며 큰 희망을 갖게 된다."

독자는
왜 책축제에 오는가

인터넷에 넘쳐나는 싸구려 정보에 식상한 독자들은 재미도
있고 교양도 키울 수 있는 퍼포먼스를 갈망한다. 디지털 시대를
살며 익명의 삶에 익숙해진 것이 역설적으로 실생활 아날로그
모임에 대한 갈망을 불러일으키는 것이다. 책축제는 이 같은
열망을 가진 독자들을 새로운 아이디어와 창의성의 세계로
인도한다.

＊

"버섯 지붕 텐트, 줄 지어 놓은 접이식 의자, 저자의 사인을
받으려는 독자의 긴 줄로 표상되는 문학축제는 이제 영국 문
화 생활의 한 모습이다."

영국 저널리스트 칼 윌킨슨의 표현이다.
영국 전역에서 한 해에 3백 개가 넘는 책축제가 열리는데

도 주요 책축제에는 20만 명 남짓의 독자가 몰린다. 입장료를 내고 프로그램에 참여하는 관객의 숫자만을 헤아린 것이다. 대부분의 책축제는 유료다. 저자의 강연이나 저자와의 대화 같은 단순한 프로그램에도 우리돈 만 원에서 2만 원을 내야 한다.

놀랍게도 규모가 큰 책축제는 대부분 작은 도시에 둥지를 틀고 있다. 영국 4대 책축제 가운데 헤이(헤이온와이), 첼트넘, 옥스퍼드 3곳이 그렇다. 에든버러만이 예외지만, 스코틀랜드의 수도인 에든버러도 단순 인구로만 따지면 우리네 천안이나 청주, 춘천 규모의 도시다. 첼트넘은 런던에서 2시간, 헤이온와이는 3시간 반 정도가 걸리는 시골이다. 헤이온와이는 고작 인구가 천 5백 명에 지나지 않는다.

11일 동안 진행되는 헤이 축제에 약 25만 명이 다녀간다. 하루 평균 2만 명이 넘으니 주말이면 3, 4만 명은 족히 된다는 이야기다. 축제 프로그램은 평일에도 오전 9시부터 밤 늦게까지 이어진다. 헤이 축제를 찾는 사람 가운데는 하루 이틀 묵으며 축제를 즐기는 사람이 많다. 런던을 비롯해 맨체스터와 리버풀 등 멀리서 오는 사람이 대부분이다. 해외에서도 수십 개 나라 사람들이 외진 산골마을을 찾아온다. 작은 마을에 이들을 수용할 숙박 시설이 있을 리 없다. 마을의 빈 방은 모두 민박으로 변하고, 주변 공터에는 숙박용 텐트가 설치된다. 주변

마을의 숙박 시설을 모두 활용해도 수요에 턱 없이 부족하다. 자연히 한 시간 이상 떨어진 인근 도시에서 출퇴근하듯 축제 장을 들락여야 한다.

에든버러 국제책축제는 가장 지적인 관람객이 찾고, 에든 버러가 아닌 외부 관객이 많은 것으로 정평이 높다. 관람객의 절반 가까이는 스코틀랜드 외부에서 온 사람들이다. 해외 관 객도 10%가 넘는다. 그밖의 관객도 스코틀랜드 전역에서 찾 아온다.

책축제장을 찾는 사람 가운데는 어린이를 데리고 오는 가 족 단위 방문객이 많다. 그들은 어린이 프로그램에 함께 참가 하기도 하지만, 각자 좋아하는 작가의 프로그램을 따로 즐기 며 만났다 헤어지기를 반복한다. 축제장 가운데는 가족을 기 다리며 또는 한가로이 독서를 즐길 수 있도록 접이식 의자가 곳곳에 놓여 있다. 가족 단위 방문객이 책축제장을 즐겨 찾는 것은 지적이고 문화적인 분위기 때문이다. 방문객의 절반 이 상이 평균 3,4개 프로그램을 즐긴다고 한다.

관객들은 작가 강연회와 낭독회, 사인회에 참가해 작가의 이야기를 직접 듣는다. 전시를 구경하거나 공연 프로그램에 참가할 수도 있다. 인터넷에 넘쳐나는 싸구려 정보에 식상한 독자들은 재미도 있고 교양도 키울 수 있는 퍼포먼스를 갈망 한다. 소셜 미디어를 통해 자신이 좋아하는 저자와 소통해 본 독자일수록 직접 작가를 만나고 이야기를 들으려는 열망이 강하다고 한다. 디지털 시대를 살며 익명의 삶에 익숙해진 것이 역설적으로 실생활 아날로그 모임에 대한 갈망을 불러일으키는 것이다.

지적인 독자들은 세상이 어디로 흘러가는지 알고 싶어하고, 세상을 살아가는 지혜와 아이디어를 얻고 싶어한다. 가장 좋은 방법은 책축제를 찾는 것이다. 정태적인 독서에 식상해 있는데다 텔레비전에서 제공하는 '넓고 얕은 지식'은 결코 그들의 강렬한 호기심을 충족시켜주지 못하기 때문이다. 사람들은 일방적으로 이야기를 듣기보다 자신들이 함께 참여하는 쌍방향 토론을 중시한다. 책축제는 이 같은 열망을 가진 독자들을 새로운 아이디어와 창의성의 세계로 인도한다.

책축제에 참가해 나름의 아이디어와 정보를 얻은 독자들은 그 즉시 자신이 획득한 것을 자신이 운영하는 SNS에 올려 다른 사람들과 다시 공유한다. 책 문화가 전파되는 풀뿌리 운동이 한 모습이다. 누구든 자신이 주체로 서고 싶어한다. 자신의 의견을 말하고 싶은 욕구, 자신의 생각을 글로 표현하고 싶은 갈망이, 책축제를 통해 독자를 한 걸음 앞으로 나아가게 만드는 것이다. 그것이 저자와의 대화나 글쓰기 워크숍에 참여하는 형태이든, 단순히 자신의 SNS에 글을 올리는 것이든.

한편 책축제가 열리는 시골 도시와 인근 지역의 주민들에

세상을 살아가는 지혜와 이이디어를 얻기 위해 헤이 축제에 참가한 독자들.

게 책축제는 큰 도시에서나 맛볼 수 있는 전문적이고 세계적 수준의 이벤트를 경험할 수 있는 기회이다.

인도나 동남아시아 나라에서도 책축제의 붐이 일고 있다. 경제적 여유가 없어 책 문화를 즐기지 못했던 대중들이 지식에 대한 갈증을 책축제에 참가하는 것으로 풀어내고 있는 것이다. 마치 오락이라도 즐기듯 긴장감 넘치는 토론이 이들 책축제의 묘미다.

책축제의 갈래와 이름

책축제의 성격을 기준으로 갈래를 나누면 지식문화축제와 독서진흥축제, 도서판매축제로 대별된다. 에든버러 국제책축제, 헤이 축제 등 20세기 후반 들어 새로운 문화를 만들어내고 있는 책축제의 주류는 지식문화축제다.

*

세계에서 가장 많이 열리는 이벤트가 책을 둘러싼 것 아닐지 모르겠다. 그만큼 책은 우리의 삶과 불가분의 관계를 맺고 있다.

책과 관련한 이벤트를 크게 나누면 도서전book fair과 책축제book festival가 될 것이다. 도서전은 산업적 측면이 강하고, 책축제는 문화적 측면이 강하다. 도서전은 출판 관계자들이 중심이 되고, 책축제는 도서관이나 비영리 문화기구에서 운영한다. 대체적으로 이름을 보면 그 이벤트의 성격을 알 수 있다.

하지만 꼭 그런 것은 아니다.

　마이애미 국제책축제Miami Book Fair International 같은 경우가 대표적이다. 북 페어라는 표현이 들어가 있지만 전형적인 책축제이다. 도서전은 대부분 북 페어라고 표기한다. 자국어로 표기할 때는 달리 보이더라도(프랑크푸르트는 Buch Messe, 파리는 Salon du livre, 베이징은 图书博览会), 영어로 표기할 때는 북 페어book fair로 쓴다. 미국에서 열리는 BEABook Expo America는 영어 표현이 다르지만 그 의미는 북 페어와 크게 다르지 않다. 오스트리아의 빈 도서전Buch Wien과 이탈리아의 로마 도서전Più libri, più liberi(더 많은 책, 더 많은 자유)은 표기만 가지고는 성격이 잘 드러나지 않는다. 소규모 고서 판매 행사에서 북 페어라는 명칭을 사용하는 경우도 많이 있다. 물론 전형적인 북 페어와는 전혀 다른 갈래다.

　도서전이라 하더라도 모두가 성격이 같은 것은 아니다. 국제도서전이 너무 많아서 모든 도서전이 도서전 고유의 기능을 수행하기 어려운 까닭이다. 프랑크푸르트 도서전과 볼로냐 국제어린이도서전을 비롯한 몇몇을 빼면 대부분 종합 선물 세트같이 온갖 행사가 버무려져 있다. 아예 문화축제적인 측면을 자신의 정체성으로 내세우기도 한다. 파리 도서전은 수백 명의 작가를 초청해 작가와의 대화, 토론회, 시낭송회, 강연을 개최한다. 출판사 부스가 전시장의 중심을 차지하고 있는 것이다를 뿐, 책축제와 가까운 모습이다. 파리 근교의 몽트뢰유 Montreuil에서 개최되는 몽트뢰유 어린이도서전도 어린이를 대상으로 하는 문화행사가 중심이다. 독일의 라이프치히 도서전도 문화축제적인 지향성이 강하다.

책축제는 전 연령층을 대상으로 하는 축제와 어린이를 대상으로 하는 어린이책축제로 나눌 수 있다. 어린이책축제 Children's Literature Festival, Children's Book Festival는 축제 이름에 어린이 대상 축제임을 표기한다. 하지만 뜻밖으로 어린이책축제는 그리 많지 않다. 독자적인 어린이책축제보다는 축제 속의 축제 형식으로 어린이 프로그램을 특화하는 경우가 많다. 대부분의 책축제가 이 같은 방식으로 프로그램을 구성하고 있다.

책축제의 성격을 기준으로 갈래를 나누면 지식문화축제와 독서진흥축제, 도서판매축제로 대별된다.

에든버러 국제책축제, 헤이 축제 등 20세기 후반 들어 새로운 문화를 만들어내고 있는 책축제의 주류는 지식문화축제다. 도서관 등을 기반으로 개최되는 소규모 책축제들은 독서진흥축제의 성격을 갖는 경우가 많다. 대부분 하루나 이틀 짧게 진행된다. 그러다 보니 많은 작가를 초청하기 어려워 본격적인 지식문화축제로 나아가지 못하고 독서 관련 행사, 체험 행사에 머물고 만다. '세계 책의 날'은 가장 대표적인 독서

팔레스타인 문학축제는 정치적 고통을 겪고 있는 팔레스타인
사람들에게 희망을 주기 위해 매년 개최된다.

진흥축제라고 할 수 있다. 하지만 세계 책의 날이 가장 중점을 두는 것은 '책, 작가, 일러스트레이터'를 기리는 것임을 잊지 않아야 한다.

도서판매축제는 일본 도쿄에서 열리는 간다 고서축제가 대표적이다. 세계 곳곳의 책마을에서도 책의 판매를 목표로 하는 축제가 개최된다. 판매축제 가운데는 헌책을 팔고 사는 축제가 많다. 미국에서 열리는 책축제 가운데는 판매에 비중을 두는 축제들이 꽤 된다. 작가들이 자신의 책을 홍보하기 위해 부스를 차리는 경우도 있다.

책축제의 성격에 따라 명칭이 달라지지는 않는다. 따라서 이름만 가지고는 어느 갈래의 책축제인지 알기 어렵다. 물론 앙굴렘 국제만화축제Festival International de la Bande Dessinée d'Angoulême나 해러거트 범죄문학축제Harrogate Crime Writing Festival, 유대 책축제Jewesh Book Festival처럼 쉽게 그 성격을 짐작할 수 있는 경우도 있다. 세계 도처에서 벌어지는 시Poetry 축제도 시를 주제로 하는 축제임을 누구나 알 수 있다. 하지만 문학축제는 책축제와 동의어로 쓰이는 경우가 대부분이어서 변별력이 약하다.

파주북소리는 축제 이름을 지으면서 많은 고민을 하였다. 우리 나라에는 본격적인 지식문화축제가 전무하기 때문이었다. 몽골 텐트의 가판 행렬과 도서 할인 이벤트가 중심이 되는 기존 책축제장과는 다른 이미지를 만들기 위해 대중성이 낮더라도 색다른 이름을 붙여보자고 의기투합하였다. 양서를 출판하는 출판도시의 정체성에 맞는 축제, 관객과 진지하게 소통하며 책의 문화를 즐기는 지식축제에 어울리는 이름으로 고심 끝에 선택한 것이 '파주 북소리'였다. 이 같은 이색적인 이름의 책축제는 어디에서도 아직 찾지 못하였다.

우리는 축제란 모름지기 재미있어야 한다고 지나치게 강변하는 것은 아닐까? 대중성을 앞세우다 보니 전혀 다른 축제임에도 그 밥에 그 나물인 프로그램이 허다하다. 축제의 특질과 정체성이 사라져버리는 것이다.

영국 버밍엄 문학축제Birmingham Literature Festival는 도시지역인 버밍엄의 도시적 환경을 반영하는 축제로 자신의 목표를 설정하였다. 늦게 출범한 축제답게 '왜 우리는 헤이Hay가 아닌가?' 하는 물음을 던지며, 헤이 축제를 벤치마킹하면서도 '독서, 글쓰기, 생각하는 도시'를 만드는 데 이바지하자는 자기만의 색깔을 분명히 하고 있다. 축제 이름도 초기의 버밍엄 책축제에서 버밍엄 문학축제로 변경하였다. 해를 거듭하는 동안 하루짜리 소박한 행사가 이제는 십여 일에 걸친 알찬 축제로 발전하였다.

어린이책축제

어린이책축제는 의외로 많지 않다. 물론 대부분의
책축제에서 어린이 프로그램은 중요한 부분을 차지한다.
영국에서 열리는 책축제의 특징은 '축제 속 축제' 형식으로
어린이 프로그램을 운영하는 점이다. 거의 모든 책축제에서
공식화되어 있다시피 하다.

*

책축제의 가장 중요한 고객은 어린이다. 어린이를 동반한
가족 나들이가 많다. 책축제가 갖는 교육적 성격 때문이다. 전
세계에서 펼쳐지는 세계 책의 날 행사도 어린이 대상 이벤트
가 중심이다. 도서관 행사의 태반도 어린이를 위한 것이다.

이런 풍경에 익숙한 입장에서 보자면, 어린이에 특화한 어
린이책축제가 많을 것 같다. 하지만 어린이책축제는 의외로 많
지 않다. 물론 대부분의 책축제에서 어린이 프로그램은 중요

한 부분을 차지한다. 에든버러 국제책축제는 총 770개 이벤트 가운데 210여 개가 어린이 프로그램이다. 규모가 작고 지역축제의 성격이 강할수록 어린이 프로그램의 비중은 높아진다. 성인을 대상으로 한 본격 지식축제로서 한계가 있기 때문이다.

영국에서 열리는 책축제의 특징은 '축제 속 축제' 형식으로 어린이 프로그램을 운영하는 점이다. 거의 모든 책축제에서 공식화되어 있다시피 하다. 어린이 프로그램이 브랜드화한 사례도 찾아볼 수 있다. 어린이를 대상으로 하는 프로그램은 다시 어린이 프로그램과 학교 프로그램으로 나뉜다. 어린이 프로그램은 축제장에서 유료로 진행되는 게 일반적이다. 학교 프로그램은 축제 주최측에서 학교를 찾아가는 프로그램이다. 축제장으로 학생들을 초청하기도 한다. 학교 프로그램은 대부분 무료다. 문화 수준이 낮은 시골 학교 학생들에게 문학과 예술을 만날 수 있는 기회를 제공하겠다는 취지다.

헤이 피버Hay Fever는 헤이 축제를 찾는 어린이를 위한 프로그램이다. 어린이 프로그램 가운데 가장 대표적이고 구성과 운영이 잘 짜여 있다. 초등학교 저학년부터 중고등학생에 이르는 학생들이 자신의 나이와 관심사에 따라 골라서 참가할 수 있도록 다양한 프로그램을 제공한다. 시인, 소설가 들이 진행하는 글쓰기 강좌, 카툰 교실, 일러스트레이션 워크숍, 스토리텔링, 과학 교실, 영화 교실 등 어린이들과 청소년들을 창의

에스토니아 탈린에서 열리는 국제어린이책축제에서 가면을 쓴 어린이들이
가장행렬에 참여하고 있다.

성의 세계로 이끌기 위한 프로그램이다. 헤이 축제의 학교 프로그램은 교육과 지역사회에 대한 봉사에 초점이 맞추어져 있다. 작가들이 학교를 찾아가 워크숍을 진행하고, 헤이 축제의 시 공모 행사에 응모하게 한다든지 학생들의 능동성을 끌어내려 노력한다.

배일리 지포드Baillie Gifford 어린이 프로그램은 에든버러 국제책축제의 어린이 프로그램이다. 2016년에만 2만여 명의 어린이들이 213개 이벤트에 참여하였다. 에든버러 시립도서관, 스코틀랜드 챔버 오케스트라 등의 후원으로 50여 개의 무료 이벤트도 진행하였다. 배일리 지포드 학교 프로그램에 참여한 학생은 143개 학교 1만 4천여 명에 이른다.

"우리 학교가 헤이 축제에 참가할 수 있게 해주셔서 고맙습니다. 아이들은 일찍이 경험하지 못한 마법 같은 날을 보냈으며, 자신들의 학교 생활 중 최고의 여행이었다고 흥분을 감추지 못했습니다."

헤이 축제에 학생들과 함께 참가한 초등학교 선생님이 보낸 편지의 한 구절이다.

한편 독자적인 형태의 어린이책축제도 찾아볼 수 있다. 영

국에서는 배쓰 어린이문학축제Bath Children's Literature Festival
가 눈에 띈다. 열흘 동안 진행되며, 시인, 소설가, 일러스트레이
터, 스토리텔러 등이 초청되고, 학교 프로그램을 운영한다. 웨
일스의 수도 카디프에서도 카디프 어린이문학축제Cardiff
Children's Literature Festival를 여는데, 프로그램만 놓고 보면 일
반 책축제 속의 어린이 프로그램과 큰 차이는 발견되지 않는다.

페이 케이글러 어린이책축제Fay B. Kaigler Children's Book
Festival는 미국 미시시피 주의 남미시시피 대학이 후원하는 책
축제다. 1968년에 시작되어 꽤 오랜 역사를 자랑하며, 2001년
부터 지금의 이름을 갖게 되었다. 페이 케이글러Fay B. Kaigler
가 기금을 후원하는 '케이글러-라몽 상'이 축제에서 수여되기
시작한 게 계기였다. 해마다 수백 명의 작가들이 미국 전역에
서 초청된다. 페이 케이글러 축제의 특징 가운데 하나는 그루
몬드Grummond 어린이 문학 콜렉션이 전시되는 것이다. 그루
몬드 콜렉션은 천 2백 명에 이르는 작가들의 원화와 원고를 소
장하고 있다.

서배너 어린이책축제, 프랭클린 어린이문학축제 등 작은
규모의 독자적인 어린이책축제가 미국에는 좀 더 많은 편이
다. 유럽, 동남아시아 등지에서도 적지않은 수의 어린이책축
제를 만날 수 있다.

불가리아 국립어린이책축제National Children's Book Festival

는 불가리아 동부의 작은 도시 슬리벤Sliven에서 개최된다. 작가, 일러스트레이터, 출판사, 서점, 도서관 등 어린이 책을 만들고 보급하는 모든 관계자들이 참여하는 축제로, 불가리아와 동유럽 지역의 책 문화를 엿볼 수 있다. 문학 경연 프로그램과 일러스트레이션 전시가 풍성하다. 발칸 반도 나라를 비롯해 러시아, 독일, 덴마크 등지의 어린이책축제와 파트너십을 맺어 국제 교류에도 열심이다.

누가 책축제를
운영하는가

규모가 작은 축제의 경우는 지역 도서관이나 문학단체 등에서
운영하는 경우가 많다. 하지만 대부분의 책축제는 비영리
단체의 성격을 갖고 있다. 영국을 비롯한 영국 문화권에서
열리는 책축제의 주류는 이 같은 민간 조직에 의한 것이다.

*

책축제는 그 탄생 배경에 따라 조직의 형태가 매우 다양하
다. 규모가 작은 축제의 경우는 지역 도서관이나 문학단체 등
에서 운영하는 경우가 많다. 하지만 대부분의 책축제는 비영
리 단체의 성격을 갖고 있다.

미국 조지아 주의 서배너에서 열리는 서배너 어린이책축제
Savannah Children's Book Festival와 텍사즈 주 오스틴에서 열리
는 텍사스 책축제Texas Book Festival는 모두 공립도서관에서
운영한다. 미국 의회도서관이 운영하는 내셔널 책축제National

체코 브르노 책축제에서 저자 낭독회가 진행되고 있다.

Book Festival도 빼놓을 수 없다. 독서가 사람들의 삶과 국가의 장래에 매우 중요하다는 메시지를 널리 전파하기 위해 설립하였다. 우리 나라를 비롯해 많은 나라의 도서관과 정부, 지방정부 들이 이 같은 생각을 갖고 책축제를 운영한다. 더욱 효과적으로 독서의 중요성을 알리기 위해 내셔널 책축제는 2008년 당시의 퍼스트 레이디인 로라 부시, 2009년에는 버락 오바마 대통령과 미셸 오바마를 공동 명예의장으로 위촉하였다.

도서관이 직접 축제를 운영하지는 않지만, 긴밀한 관계를 갖고 지원하는 경우도 매우 많다. 독립 비영리기구인 보스턴 책축제Boston Book Festival 조직은 보스턴 공립도서관의 힘을 빌려 운영한다. 영국 버밍엄 문학축제 조직 역시 비영리 문학기구Writing West Midlands로서 비밍엄 도서관과 튼튼한 협조 체계를 구축하고 있다. 미국 캔사스 주의 프랭클린 어린이문학축제Franklin County Children's Literature Festival는 프랭클린 카운티 독서위원회가 운영한다.

대학이나 언론이 직접 책축제를 운영하는 사례도 볼 수 있다. 마이애미 국제책축제는 데이드 칼리지가 축제의 핵심 조직이다. 로스앤젤레스 타임스 책축제Los Angeles Times Festival는 《로스앤젤레스 타임스》 신문이 직접 운영한다. 미국 시카고에서 열리는 책축제Printers Row Lit Fest는 시카고 중심부의 출판인쇄지구를 발판으로 1985년에 탄생한 책축제다. 지금은

《시카고 트리뷴》이라는 신문이 축제 운영권을 넘겨받았다.

민간에서 독자적으로 축제를 운영하는 모습은 훨씬 역동적이다. 영국을 비롯한 영국 문화권에서 열리는 책축제의 주류는 이 같은 민간 조직에 의한 것이다. 필자는 오스트레일리아 빅토리아 주의 클룬스라는 작은 마을에서 탄생한 책축제를 가까이서 살펴볼 수 있었다.

클룬스로 이주해 온 은퇴자 몇 명이 크리에이티브 클룬스라는 비영리 조직을 만들었다. 쇠락할 대로 쇠락해 희망이라고는 찾을 수 없던 마을을 재생하기 위해서였다. 그들은 책마을을 마을의 대안으로 설정하였다. 번듯한 서점 하나 없던 마을을 책마을로 만들기 위한 징검다리로 책축제 아이디어가 제안되었다. 마을 사람들은 서적상이고 방문객이고 누가 그 외진 마을을 찾아오겠느냐며 외면했다. 하지만 볼런티어로 나선 크리에이티브 클룬스 멤버들의 헌신적인 노력에 의해 클룬스 책축제는 성공적인 책축제로 자리 잡았다. 크리에이티브 클룬스는 클룬스 책축제를 운영하는 비영리 민간 조직이다.

대부분의 책축제가 비영리 자선기구일 수밖에 없는 이유는 책축제가 문화행사이기 때문이다. 또한 수익을 낼 수 있는 사업이 아니기 때문이다. 필자가 방문한 적이 있는 영국 레드버리 시축제 사무국 역시 비영리 자선조직이었다. 여기저기서 푼돈이나마 기부를 받아야 축제를 운영해 갈 수 있다. 살림살이가 넉넉지 못하니 지원봉사자가 중심이 되어 조직을 꾸려간다. 그래도 소수의 유급 스태프를 채용할 뿐 아니라, 최근에는 상금을 내건 문학상도 제정하였다.

하지만 큰 책축제의 경우는 형편이 사뭇 다르다. 수십 명의 상근 직원이 일하고, 축제 때의 단기 직원을 포함하면 백 명이 넘는 스태프가 일하는 곳도 있다. 2016년 에든버러 국제책축제 사무국에는 24명의 상근자와 125명의 단기 스태프가 일했다. 헤이 축제는 규모가 더 크다. 살림살이 규모가 크다 하더라도 책축제 조직의 기본 성격은 비영리 자선기구로서 대동소이하다.

비영리 자선기구이기는 하나 기업 형태를 취한 경우도 있다. 헤이 축제 조직 같은 경우다. 아마도 조직의 규모가 커서일 것이다. 프로그램의 기획과 진행을 넘어 살림살이를 규모 있게 운영해야 하는 책임이 따르는 것이다. 회계 기준 등이 중요해지는 까닭이다. 자격을 갖춘 회계사를 고용하고, 홍보 전문가도 정직원으로 일한다. 그러면서도 회계와 홍보 모두 후원기관의 자문을 받고 있다.

기업적인 측면이 강하게 느껴지는 부분은 헤이 축제 총괄 디렉터인 피터 플로렌스Peter Florence가 30년 넘게 축제를 끌어오는 점이다. 그가 아무리 경험이 풍부하고 진지한 문화 프로그램을 대중적으로 풀어내는 데 유능하다지만, 20대 초반부터 50대를 넘어선 지금까지 줄곧 축제의 중심에 설 수 있었던 것은 그의 지배적 영향력을 빼고는 설명하기 어렵다. 1인 독주를 경계하기 위해 복수 디렉터 조직이 운영되고, 분야별 전문 프로그래머와 디렉터가 위촉되어 있기는 하다. 8인으로 구성된 이사회 회의도 연 4회 개최된다.

에든버러 국제책축제 조직도 헤이 축제와 비슷하게 운영된다. 총괄 디렉터 제도와 이사회 시스템이 도입되어 있다. 외부 전문가로 영입한 닉 발리Nick Barley가 2009년부터 디렉터로 일하고 있다. 피터 플로렌스가 창업주라면 닉 발리는 전문 경영인인 셈이다. 닉 발리 역시 10여 년 가까이 자신의 전문성을 바탕으로 축제를 성공적으로 키워내고 있다.

축제 사무국은 유급 직원 외에도 인턴 제도와 수많은 자원봉사자의 헌신에 힘입어 축제를 운영한다. 헤이 축제는 15명의 인턴을 채용하는데 전 세계에서 지원이 쇄도한다. 자원봉사자는 수백 명을 헤아린다. 어린이 프로그램인 헤이 피버에는 청소년 자원봉사자들도 참가한다.

헤이 축제는 축제의 규모가 커지자 최근 별도의 헤이 축제 재단을 출범시켰다. 재단은 기금을 모으고 자선 활동을 펼침으로써 헤이 축제를 지원한다. 영국만이 아니라 전 세계가 활동무대이다.

책축제는
어떻게 기획할까

외국의 주요한 책축제는 어느 저자를 초청할 것인가가 기획의
핵심이다. 초청되는 작가들은 축제 어름에 신간을 출간한
사람들이다. 축제가 시작되기 전의 일정 시점을 기준으로 한 해
동안 출간된 책 가운데 주목되거나 새로운 이슈를 만들어낸
저자들이 선정된다.

＊

　책축제의 중심은 저자다. 저자 강연, 패널과의 토론, 낭독
회 등이 프로그램의 큰 줄기다. 어린이 프로그램이라고 크게
다를 것은 없다. 좀 더 어린이 정서에 맞는 방향으로 진행될
뿐, 저자가 자신의 책을 중심으로 프로그램을 풀어가는 것은
마찬가지다.
　얼핏 보면 굉장히 단순해 보인다. 프로그램 목록에 빼곡히
올라 있는 프로그램이라는 게 하나같이 저자 중심 프로그램

이다. 그런 점에서 보면 우리 나라에서 진행되는 책축제가 훨씬 역동적인 것처럼 보이기도 한다. 사실 우리의 책축제는 저자는 몇 되지 않고, 이렇게 저렇게 포장한 온갖 요란한 형식의 이벤트 일색이다. 축제 프로그램의 대부분이 어린이 혹은 어린이를 동반한 가족 대상 행사라서 그렇기도 할 것이다. 저자 강연이나 토론 프로그램이 그다지 인기를 끌지 못하는 환경 때문이기도 하다.

외국의 주요한 책축제는 어느 저자를 초청할 것인가가 기획의 핵심이다. 전 세계의 책축제 가운데는 5백 명에서 천 명 정도의 저자를 초청하는 축제가 많다. 인도의 자이푸르 문학 축제는 초청 작가의 수가 무려 2천여 명에 이른다. 작은 규모의 책축제라도 2,3백 명의 저자는 기본이다. 또 하나의 특징은 한 저자에 의한 일방적인 강연보다는 진행자를 두고 저자의 이야기를 풀어간다든지, 두세 사람의 저자가 패널로 출연하여 토론하는 형식이 많다. 토론 문화가 발달하고, 독자들이 궁금해 할 좀 더 생생한 이야기를 끄집어내기 위해서일 것이다.

물론 글쓰기나 스토리텔링 워크숍, 학교 프로그램, 독서 프로그램, 책 관련 전시, 공연 프로그램도 다양한 형식으로 진행된다.

초청되는 작가들은 축제 어름에 신간을 출간한 사람들이다. 워낙 많은 작가들이 참여하게 되니 그것은 가장 기본적인

인도네시아 발리 문학축제. 동남아시아에도 책축제의 열풍이 거세다.

원칙의 하나다. 축제가 시작되기 전의 일정 시점을 기준으로 한 해 동안 출간된 책 가운데 주목되거나 새로운 이슈를 만들어낸 저자들이 선정된다. 따라서 축제 기획자의 역할은 초청 작가를 선정하는 것이 거의 전부라 해도 틀리지 않다.

"축제에 어느 저자를 초청할 것인지 결정할 때 여러 가지 것들을 고려합니다. 마이애미 국제책축제는 단순한 문학행사가 아니라서 저자가 중요합니다. 저작물의 질과 사회의 평가, 전문가 리뷰, 판매를 두루 살핍니다. 잘 알려져 있고 상업적 성공을 거둔 저자와 잘 알려지지는 않았지만 좋은 책을 낸 저자들의 목록을 균형 있게 하려고 노력합니다.

우리의 기준은 출판사가 원고의 출판 여부를 결정할 때와 크게 다르지 않습니다. 또한 그 해에 문학상을 받은 작가에 주목합니다. 《뉴욕타임스》 북리뷰의 베스트셀러 목록과 독립서점 베스트셀러 목록도 참고하지요. 물론 출판사의 추천도 받습니다."

마이애미 국제책축제의 저자 프로그램 기획자인 파올로 페르난데스라나Paola Fernandez-Rana의 말이다.

축제가 끝난 지 서너 달 후부터는 본격적으로 다음 축제에 초청할 저자를 찾기 시작한다. 책축제의 영향력을 잘 알고 있는 출판사에서도 책과 자료를 보내준다. 취합된 자료는 저자 선정위원회에 보내 최종 결정이 이루어진다.

많은 책축제들이 국제행사로 열린다. 따라서 자국 저자들 뿐 아니라 해외 저자들도 초빙되는데, 특별한 겨우가 아니라면 자국어로 번역 출판된 책이 있을 때로 한정된다. 2011년 헤이 축제에는 신경숙 작가와 장하준 교수가 초청되었다. 2014년 호주 클룬스 책축제에 황선미 작가가 참석하는 데는 필자가 다리 역할을 하였다. 모두 영어 번역본이 그 나라에서 주목을 받은 경우다.

책축제에 즐겨 초청되는 저자는 당연히 널리 알려진 유명 저자다. 하지만 많은 축제들이 신진 작가의 등용문 구실을 자임한다. 가능성 있는 작가를 발굴해 독자와 만날 기회를 제공할 뿐만 아니라, 신진 작가를 대상으로 시상 제도를 운영하는 축제도 여럿이다.

큰 책축제는 수십 명의 상근 직원이 일하는 축제 사무국을 두고 있다. 그 같은 조건 속에서 전문성을 갖춘 직원들이 기획자로 일한다. 더러는 며칠 동안 진행되는 축제를 위해 그 많은 상근 직원이 일하는 것을 이해하지 못한다. 그래서 에든버러 국제책축제의 디렉터인 닉 발리는 "축제가 열리지 않는 동안은 무얼 하세요? 이제부터 48주간은 휴가이겠군요"라는 말을 들었다는 에피소드를 들려준다. 정신없이 돌아가는 축제 기간은 '농부들의 추수 시기'와 같다. 풍성한 수확을 위해서는 한 해 동안 내내 종자를 고르고, 땅을 갈고, 씨 뿌리고, 거름 주고, 김 매는 고된 작업이 밑받침되어야 하는 것이다.

한편 전문성을 더욱 강화하기 위한 시도도 눈에 띈다. 자이푸르 문학축제는 팀웍 아츠Teamwork Arts라는 문화예술 프러덕션이 기획을 책임지고 있다. 전 세계에서 25개가 넘는 공연 및 문학축제를 운영하는 곳이다. 멜버른 문학축제와 시드니 문학축제는 오스트레일리아의 문학 전문기관인 윌러 센터를 파트너로 두고 있다. 플로리다 문학 센터는 마이애미 책축제를 지원한다.

자신만의 특색을
갖춘 책축제

같은 지식문화축제라 하여도 나라와 지역, 장소에 따라,
또 축제를 개최하는 주체가 누구인지, 누구를 주대상으로
하는지에 따라 차이는 불가피하다. 영국과 미국의 책축제
모습이 다른 이유도 문화적 토양과 환경이 다르기 때문이다.
국제적 흐름과 지식문화축제의 보편성에 기반하면서도
이처럼 자신에게 맞는 옷을 입은 축제여야 한다.

*

무엇이 성공한 책축제의 모습일까? 당연히 많은 사람이 찾
는 축제일 것이다. 프로그램의 질이 우선 아니냐고 항변할 수
있겠다. 맞는 말이다. 질이 떨어지는 축제를 찾을 사람이 없다
고 본다면, 많은 사람이 찾는 축제는 의당 내용을 갖춘 축제여
야 한다. 그런 의미에서 한 말이다.

하지만 꼭 그럴까? 축제의 주제와 관계 없는 프로그램이

얼마나 많은가. 사람들을 축제장으로 불러 모으기 위해 텔레비전 공개방송 같은 프로그램이 동원되는 사례는 또 얼마나 많은가. 책축제라고 다를 건 없다. 책축제의 본질을 좀 더 진지하게 고민할 때다.

어떤 영국 작가는 책축제가 '숲속에서 버섯이 돋아나듯 생겨난다'고 표현했다. 버섯이든, 죽순이든, 책축제가 그만큼 많다는 이야기다. 우리 사회에도 지금보다 훨씬 많은 수의 책축제가 생겨날 것으로 짐작된다. 그렇다면 어떤 책축제여야 할까?

책축제의 흐름은 지식문화의 세계를 탐구하는 것이다. 부산 보수동 책방골목축제를 제외하고는 온전히 책 판매를 목적으로 하는 축제가 국내에 자리 잡을 수 있을지 의문이다. 서울 청계천, 인천 배다리 등지에 작은 규모이나마 헌책방 거리가 있고, 최근 청계천 헌책방거리책축제가 출범하였다지만, 자생력이 있을지는 좀 더 지켜보아야 한다. 도서관이 중심이 되는 독서진흥축제는 어떤가. 정부 예산으로 치르는 축제이니만큼 안정성은 있겠으나, 지역사회 봉사 프로그램을 기본으로 하는 무료 축제로는 일정 규모 이상을 넘어서기 어려울 것이다. 아직은 갈 길이 멀어 보이지만, 지식문화축제의 성격을 갖는 책축제들이 하나둘 탄생하지 않을까 싶다.

파주북소리는 그런 시대의 흐름 속에서 탄생하였다. 같은 지식문화축제라 하여도 나라와 지역, 장소에 따라, 또 축제를

마을의 좁은 광장에서 행사가 진행되고 있는 핀란드 아니키 시축제.

개최하는 주체가 누구인지, 누구를 주대상으로 하는지에 따라 다소의 차이는 불가피할 것이다. 영국과 미국의 책축제 모습이 다른 이유도 문화적 토양과 환경이 다르기 때문이다. 파주북소리가 내세우는 중심 프로그램의 하나에 '지식난장'이 있다. 2백여 채가 넘는 독립건물이 들어서 있고, 수많은 출판사, 인쇄소, 출판 관련회사가 모여 있는 출판도시의 자산을 축제의 동력으로 끌어내기 위해서다. 국제적 흐름과 지식문화축제의 보편성에 기반하면서도 이처럼 자신에게 맞는 옷을 입은 축제여야 할 것이다. 그것이 책축제 고유의 정체성을 만들어가는 길이기도 하다.

얼핏 보면 외국의 책축제는 매우 우직해 보인다. 저자와 독자가 만나는 행사 위주이기 때문이다. 마치 야구에서 직구만을 던지는 투수 같다고나 할까? 요모조모 잘 포장해 상품성을 높이려는 시도는 별반 눈에 띄지 않는다. 큰 축제일수록 더욱 그렇다. 그들이 강조하는 것은 프로그램의 질이다. 그리고 전 연령대를 아우름은 물론 사람들의 모든 관심사를 축제 속에 담아내겠다는 의지가 강하다. 일견 모순되어 보이기도 한다. 하지만 하나같이 강조하는 것은 단순 지식 전달이 아니라 상상력과 창의성이다. 그래서 작은 어린이책축제의 디렉터(오스트레일리아 캐슬매인 어린이문학축제Castlemaine Children's Literature Festival의 디렉터 리사 도노프리오Lisa D'Onofrio)도 다음과 같이 말하는 것일 게다.

"모든 이벤트는 창의적이고 저자와 청중이 상호 소통하는 것이어야 합니다. 청중이 수동적인 참가자에 머물러서는 안 됩니다. 창의적인 참가자이자 프로그램을 함께 만들어가는 사람이 되어야 합니다. 그와 같은 프로그램을 기획하기 위해서는 좀 더 시간이 걸릴 것입니다. 하지만 장기적으로는 보다 큰 성과를 가져다 준다고 믿습니다."

헤이 축제와 에든버러 국제책축제는 모든 지식문화 책축제의 전범이다. 이에 비해 미국 책축제의 모델은 마이애미 국제책축제이다. 부스가 차려진 거리 축제와 실내에서 진행되는 작가 프로그램이 공존하는 모습이다. 형태적으로는 우리 나라 책축제와의 친화성이 높다고 할 수 있다. 그러나 이런 형태적인 모습보다 더 주목해야 할 점은 인구 구성상 히스패닉이 많고 중남미와 지리적으로 가까운 자신의 자산을 축제의 성격으로 승화시킨 점이다. 이베로 아메리칸Ibero-American 저자 프로그램이 대표적이다. 중남미 여러 나라에서 찾아온 저자들과 함께 8일간의 축제 기간 내내 스페인 어와 포르투갈 어로 진행된다. '작가의 밤' 행사는 매일 밤 한 사람의 작가를 정해 그를 주인공으로 만들어주는 이벤트다. 그래픽 소설과 코믹이 인기 있는 미국의 출판문화를 반영한 코믹 갤러시도 현장감 높은 기획이다.

뉴욕에서 열리는 할렘 책축제Harlem Book Fair는 미국 흑인 문화를 대표하는 책축제다. 북페어라는 이름을 달고 있지만 성격은 책축제다. 흑인들의 문화정체성을 담아내겠다는 분명한 목표를 갖고 출범하였으며, 프로그램을 통해 성공적으로 구현해 내고 있다. 자이푸르 문학축제는 단시일 내에 세계 최대 규모의 책축제로 성장하였다. 다민족 다언어 사회인 인도의 특성과 새로운 지식에 목말라 하는 인도 대중의 역동성이 축제의 자산이다. 인도와 동남아시아 지역에 속속 등장하고 있는 책축제의 모델로 인도 바깥으로까지 영향력을 확대해 가고 있다.

첼트넘 문학축제는 해마다 축제 주제를 정해 집중 탐구하는 기획을 선보이는 게 특징이다. '우리는 우리가 누구라고 생각하는가' 같은 철학적이고 무거운 주제를 다룬다. 멜버른 문학축제와 보스턴 책축제는 초청 저자 가운데 한 사람의 기조강연으로 축제의 문을 여는 전통을 지켜오고 있다.

옥스퍼드 문학축제는 2017년 새로운 프로그램으로 '글쓰기 워크숍'을 선보였다. 케임브리지 대학에서 창조적 글쓰기를 연구하는 교수 두 사람이 하루 온종일 진행하는 프로그램이다. 통상의 글쓰기 워크숍은 아마추어를 대상으로 하는 데 비해, 새로운 아이디어를 찾으려는 전문 작가한테까지 문호를 넓힌 수준 높은 워크숍이다. 이처럼 특정 프로그램의 제목을 달고 하루나 이틀에 걸쳐 '축제 속 축제'처럼 진행하는 이벤트는 많은 축제에서 발견된다. 길드포드 문학축제의 '독자의 날', 멜버른 문학축제의 '세상을 탐험하라' 같은 프로그램들이다.

한 가지 이색적인 프로그램은 보스턴 책축제에서 선보이고 있는 '한 도시 한 이야기'One City One Story이다. 시민들에게 독서와 토론의 즐거움을 주기 위한 것으로, 그러기 위해서는 문학작품을 만나는 장벽을 낮추어야 한다는 문제의식에서 출발하였다. 매년 한 작품을 선정하는데, 특별 보급판을 만들어 책축제 시작 2달 전에 온오프라인으로 보급한다. 책축제의 시작을 알리는 킥오프인 셈이다. 시민들은 독서모임이나 도서관, 학교 이벤트에서 함께 읽고 토론하면서 문학에 대한 이해를 높이게 된다. 감상문에 대한 시상 제도도 운영한다. 행사의 대미는 작가가 축제에 참가해 독자들과 토론하는 것으로 마무리된다. 작가와 출판사의 저작권 협조가 필요한 게 걸림돌이다. 그렇지 않아도 소수의 책에 대한 쏠림 현상이 심한데, 겨우 한 작품을 한 도시 시민 다수가 읽는 이벤트가 바람직한가 하는 의론도 있을 수 있겠다.

책축제장은
어떤 모습일까

영국에서는 축제 기간 동안 거대한 인공 축제장이 만들어진다.
미국은 기존 건물 내부에서 진행되는 이벤트가 많고,
거리나 광장에 우리네 책축제장과 비슷한 형태의 거리 이벤트용
텐트가 설치된다. 미국의 책축제는 대부분 대도시에서 열리는
반면, 영국의 유력 책축제는 작은 마을이나 중소도시에서
열린다.

*

책축제가 많기로는 영국과 미국이 으뜸이다. 각기 3백여
개에 이른다고 한다. 하지만 미국이 인구로는 6배, 땅의 넓이
로는 수십 배이니, 밀도 면에서 영국이 단연 세계 최고라 할 수
있겠다.

영국과 미국의 책축제는 여러 가지 면에서 차이점이 발견
된다. 영국이 지식축제적인 성격이 강한 데 비해 미국의 책축

제는 좀 더 상업적인 성격을 띤다. 책의 판매에 비중을 두는 축제가 많고, 질적인 면에서 앞선 축제들도 독서진흥축제의 성격이 엿보인다. 미국의 책축제는 2,3일 남짓 지속되는 게 대부분이다. 하지만 영국은 열흘을 훌쩍 넘기는 축제들이 많다.

책축제장의 풍경도 사뭇 다르다. 영국에서는 축제 기간 동안 거대한 인공 축제장이 만들어진다. 미국은 기존 건물 내부에서 진행되는 이벤트가 많고, 거리나 광장에 우리네 책축제장과 비슷한 형태의 거리 이벤트 용 텐트가 설치된다. 미국의 책축제는 대부분 대도시에서 열리는 반면, 영국의 유력 책축제는 작은 마을이나 중소도시에서 열린다. 축제장을 조성하는 형태가 다른 것은 이같이 책축제의 지역 기반이 다르기 때문일 수도 있겠다.

미국 보스턴 책축제는 매년 10월 보스턴의 백베이Back Bay 지역에서 열린다. 보스턴 공립도서관이 둥지를 틀고 있는 곳으로, 빅토리아 풍의 고풍스러운 건물이 많다. 실내 행사는 보스턴 공립도서관을 비롯해 인근의 백베이 이벤트 센터와 트리니티 처치를 비롯한 몇몇 교회 건물을 활용한다. 거리 축제는 보스턴 공립도서관 바로 옆의 코플리 광장에서 열린다. 거리 축제장에는 수십 동의 천막이 설치되어 글쓰기 워크숍, 글짓기 대회, 작가 사인회 같은 행사가 진행된다. 어린이와 어린이를 대동한 가족을 대상으로 하는 이벤트가 많다. 공연 무대도

행사장과 행사장을 연결해 주는 헤이 축제장의 이동회랑.
헤이 축제는 초원에 조성한 거대한 인공 축제장에서 진행된다.

마련된다. 낮 시간에 열리는 대부분의 이벤트는 무료다. 코플리 광장은 〈예언자〉로 유명한 레바논 출신의 사상가이자 작가인 칼릴 지브란을 기념하는 조형물이 놓여 있는 곳이다. 보스턴 책축제는 참가자가 3만 명이 갓 넘는 소규모 행사다.

실내에서 진행하는 저자 강연 또는 문학 프로그램과 거리 축제를 결합한 형태는 미국의 다른 책축제에서도 흔히 발견된다. 마이애미 국제책축제가 전형적이다. 보스턴에 비해 규모만 클 뿐 축제의 구성과 축제장의 모습은 대동소이하다. 마이애미 책축제의 주행사장은 데이드 칼리지이다. 저자 프로그램을 중심으로 하는 실내 행사는 모두 데이드 칼리지에서 진행된다. 한편 거리 축제장은 시내 다운타운의 거리를 활용한다. 거리 양쪽으로 3백여 개의 텐트가 길게 늘어선 모습이다.

로스앤젤레스 타임스 책축제Los Angeles Times Festival of Books도 비슷한 형태다. 남캘리포니아 대학 캠퍼스가 축제 장소다. 실내 행사와 실외 행사 모두 캠퍼스 안에서 진행된다. 한동안 캘리포니아 대학 로스앤젤레스 캠퍼스에서 진행하다 최근에 남캘리포니아 대학으로 장소가 바뀌었다. 이틀 동안 진행되는 축제에 해마다 15만 명 정도의 독자들이 방문한다. 투손 책축제Tucson Festival of Books는 애리조나 대학 캠퍼스에서 진행된다. 대학 캠퍼스에서 열리는 책축제가 많은 것도 미국 책축제의 특징 가운데 하나다.

미국 워싱턴에서 개최되는 내셔널 책축제는 미국 의회 근처의 공원인 내셔널 몰과 메모리얼 파크에서 12년 동안 야외 행사로 열리다가 월터 워싱턴 컨벤션 센터로 이전하였다. 단 하루 동안의 행사에 20만여 명이 몰리다 보니 잔디가 크게 손상되어 관리 문제가 대두한 것이 원인이었다. 실내로 이전함으로써 저녁 시간 이벤트가 강화되었다.

베를린 국제문학축제는 베를리너 페스트필레, 베를린 대학 등 베를린 시내의 여러 장소에서 분산 개최된다. 멜버른 문학축제는 멜버른 시내의 문화 시설이 모여 있는 페더레이션 광장과 오스트레일리아 영상 이미지 센터 등에서 개최된다. 최근에는 여러 곳의 교외 지역 도서관과 연계한 프로그램을 진행하는 등 멜버른 시내 외곽으로 영역을 넓힌 것이 눈에 띈다.

반면 영국의 책축제는 도시 지역이라 하더라도 독립된 공간에 축제장을 조성해 운영하는 것이 특징이다. 매년 에든버러 국제책축제가 열리는 곳은 에든버러 시내의 샬롯데 광장이다. 8월이면 샬롯데 광장에 거대한 텐트촌이 들어선다. 소규모 이벤트를 위한 야외 부스가 아니다. 6백여 명을 수용하는 슈피겔 텐트 같은 대형 텐트가 들어서고, 강연을 비롯한 모든 프로그램이 기존 건물이 아닌 샬롯데 광장의 텐트 안에서 진행된다. 이 같은 책축제의 풍경은 영국 책축제의 하나의 전형적인 모습이다.

첼트넘 문학축제의 주행사장은 시청 앞의 임페리얼 스퀘어와 몽펠리에 가든이다. 이곳에 실내 행사를 진행하기 위한 거대한 슈피겔 텐트가 설치된다. 바닥에 나무마루가 깔리고 창문에 스테인드글라스가 들어간 고풍스러운 모습이다. 헤이 축제는 마을 변두리 공터에 축제장을 조성한다. 대부분 계단식 의자가 설치된 10여 동의 대형 텐트와 텐트와 텐트를 연결해주는 회랑, 그리고 그 사이사이에 유유자적 독서를 즐길 수 있는 독서 의자가 줄 지어 놓여 있는 모습이 헤이 축제장의 풍경이다.

앙굴렘 만화축제는 가용할 수 있는 실내 공간을 포함한 시내 전역이 축제장이다. 도쿄 간다 고서축제는 길가에 늘어선 고서점들이 그대로 축제장이다. 축제 기간 동안에는 서점 공간이 인도로 확장된다.

자이푸르 문학축제 같은 인도의 신생 축제와 버마의 이라와디 문학축제 등은 호텔 공간을 축제장으로 사용하기도 한다.

책 판매는
책축제의 부대행사일 뿐

그 넓은 축제장에 책을 파는 곳은 고작 한 곳이다. 이른바
페스티벌 서점이라고 할 수 있다. 서점은 축제와 따로 놀지
않는다. 초청 작가의 이벤트와 관계되는 신간서적들이
진열되고, 서점 공간은 작가 사인회 등에 활용된다.
책축제는 문화적 분위기 속에서 저자와 대화를 나누는 것이
핵심이기 때문이다.

*

책축제에서 책의 판매는 어떤 의미를 갖는 걸까? 또 어떤
형태로 이루어질까?

한동안 우리 나라의 책축제장에 가면 출판사들이 몽골 텐
트 한두 개씩을 꿰차고 있는 모습이 가장 먼저 눈에 들어왔다.
도서정가제 시행으로 인해 지금은 상황이 조금 달라졌지만.
서점에서 부스를 운영하는 경우는 드물다. 그것은 온당한 것

일까? 책을 할인 판매하는 부스의 위용이 너무 강렬하다 보니, 실내에서 좋은 프로그램을 진행해도 책 판매 행사에 묻혀 버리는 아쉬움이 있다.

외국의 책축제에서도 책 판매는 중요하다. 독자들이 책축제를 찾는 이유의 하나이기도 하다. 책 판매의 풍경은 축제의 성격에 따라 판이하다. 지식문화축제와 책 판매가 중심이 되는 축제로 크게 가를 수 있다.

헤이 축제는 일견 책 판매에 무심한 듯 보인다. 그 넓은 축제장에 책을 파는 곳은 고작 한 곳이다. 이른바 페스티벌 서점이라고 할 수 있다. 서점은 축제와 따로 놀지 않는다. 초청 작가의 이벤트와 관계되는 신간서적들이 진열되고, 서점 공간은 작가 사인회 등에 활용된다. 그래도 축제 기간 동안 약 3만 권의 책이 판매되어 수입이 제법 쏠쏠하다. 축제 살림살이에 적지않이 기여하는 셈이다.

에든버러 국제책축제의 총괄 디렉터인 닉 발리는 자신들은 책을 의도적으로 판매하려 하지는 않는다고 말한다. 책축제는 문화적 분위기 속에서 저자와 대화를 나누는 것이 핵심이라는 것이다. 에든버러 책축제는 2개의 서점을 운영한다. 하나는 어린이 책 서점이다. 2016년 축제에서는 모두 6만 3천 권의 책이 팔렸다. 전체적으로 헤이 축제에 비해 규모와 참가자 수가 조금 떨어지는 에든버러 책축제가 두 배 이상의 책을 팔고 있다.

오스트레일리아 클룬스 책축제의 책 판매장.
주요 책축제에서는 초청된 저자의 책을 소개하고 판매하는
페스티벌 서점 형태로 운영된다.

서점에 진열된 책의 종수는 8천 종이 조금 넘었다. 종당 평균 7.5권이 팔린 셈이다. 가장 많이 팔린 책은 약 3백 부였으며, 백 권 이상 팔린 책이 30종 남짓이었다. 20만 명 이상의 책벌레들이 모인 공간에서 백 부면 그렇게 큰 숫자는 아닐 것이다. 시중의 베스트셀러 중심으로 책을 진열하고 판매하는 것이 아니라, 책축제에 초청된 1천여 명 작가의 책을 골고루 선보여야 하는 페스티벌 서점의 특성 때문이다. 축제장에서 많이 팔린 책의 목록을 보면 성인을 위한 책이 아동 서적보다 많다. 축제의 질과 다양성을 짐작할 수 있는 자료들이다.

우리 나라에서 보는 책축제장의 풍경에 근접한 형태는 미국 마이애미 국제책축제가 아닐까 싶다. 지식축제로서의 성격을 갖고 있고 초청 작가의 규모가 크기는 하지만, 거리 판매 부스가 차려지는 까닭이다. 8일간 축제가 진행되는 마이애미 책축제는 축제 기간의 마지막 금요일부터 일요일까지 사흘간 거리축제street fair를 연다.

거리 축제 기간 동안에는 실내 행사가 열리는 마이애미 데이드 칼리지 인근의 시내 중심지 비즈니스 지구의 차량 통행이 차단되고, 서적상, 출판사, 비영리 문학 및 교육 기관에서 운영하는 3백여 개의 부스가 들어선다. 서울 홍대앞 거리에 부스가 차려지는 와우북 축제와 비슷한 모습이다. 부스에서는 책이나 책과 관련된 상품을 팔고, 아울러 다양한 형태의 문화 체험 프로그램이 진행된다.

미국은 경쟁이 치열한 사회이다 보니 책축제도 상업적 성격이 강하다. 그래서 작가들이 부스를 사서 책축제에 참가하는 경우도 적지 않다. 작가들은 비용이 저렴한 작은 부스를 사서 서너 종의 책을 대중에게 선보인다. 물론 책을 판매하는 것이 목적이지만, 판매만이 유일한 목적은 아니다. 노출 역시 가치 있다고 믿기 때문이다.

책축제의 프로그램 가운데는 입장료에 책을 패키지로 묶는 경우도 더러 있다. 인기가 높은 작가의 사회적 이슈가 되는 신간서적이 발매되었다든지 요리책이나 질병에 관한 책처럼 특정 독자의 분명한 기호가 확인될 때에 해당한다. 작가와 오찬이나 만찬을 함께하는 프로그램처럼 다양성을 확장하는 시도의 하나로 보인다.

온전히 책의 판매만을 목적으로 하는 행사를 책축제의 범주에 넣을 수 있을지 의문이 제기될 수는 있겠지만, 책축제 이름을 내건 책 판매 이벤트는 전 세계에 숱하다.

가장 대표적인 것은 일본 도쿄에서 열리는 간다 고서축제다. 간다 고서축제는 세계에서 가장 큰 책 판매 축제다. 고서축제와 연계해 새 책을 판매하는 축제도 열린다. 간다 고서축제의 매력은 세계 최대의 진보초 고서점 거리를 발판으로 하고 있는 물리적 환경과 책 사냥꾼이 전 세계에서 모여들고 원하는 책은 무엇이든 구할 수 있는 문화적 환경이다. 영미권의 앤틱 북을 취급하는 기타자와 서점처럼 외국 고서에도 국제 경쟁력을 가진 서점들이 있다. 진보초의 고서점들은 축제에 내놓을 상품을 마련하기 위해 한 해 동안 공력을 기울인다. 그리하여 진귀하고 기획력이 돋보이는 특별 상품이 축제시의 서가를 차지하는 것이다. 그 같은 노력이 진보초와 간다 고서축제를 지탱하는 힘이다.

이들은 출판사가 팔지 못한 책은 취급하지 않는 것을 신조로 여긴다. 헌책의 가치를 발견하는 것이 고서상들의 역할이라고 믿기 때문이다. 파주북소리에서 만난 동경고서조합의 오누마 요시시게 조합장은 헌책이 더 가치 높다는 지론을 들려주었다. 그것은 독자가 한 번 선택한 책을 고서상의 안목으로 두 번, 세 번 다시 거른 다음에 고서점 서가에 꽂히기 때문이라는 것이다. 고서상들은 고서점의 전문성을 높이기 위해 도쿄 고서회관에서 매주 도서교환회를 연다. 이런 과정을 거쳐 각각의 고서점이 수집한 책은 해당 분야의 책을 취급하는 전문서점의 서가로 옮겨진다.

고서 판매축제의 또 하나의 의미 있는 줄기는 책마을이다. 헤이온와이를 필두로 전 세계에 수십 곳의 책마을이 만들어졌다. 책마을은 헌책방과 고서점이 밀집한 마을로서, 쇠락한 농촌 마을을 재생하기 위한 목적을 갖고 있다. 책축제가 열리지 않는 책마을은 없을 것이다. 축제가 열리면 인근 지역에서 고서상들이 몰려와 마치 우리네 장날처럼 한바탕 책의 잔치가 벌어진다. 책마을들이 연대해 만든 세계책마을협회에서 개최하는 세계책마을축제도 개최된다. 2년마다 여러 나라 책마을을 돌아가면서 열리는데, 첫 번째 축제는 네덜란드의 브레더보르트에서, 2016년의 제10회 축제는 스위스의 생피에르드 클라주에서 열렸다.

책마을에서 열린다고 하여 고서 판매축제 일색은 아니다. 헤이온와이에서 열리는 헤이 축제는 단연 세계 최고의 지식축제다. 스코틀랜드 서부의 해안마을 위그타운에서 열리는 위그타운 책축제Wigtown Book Festival 역시 당당한 지식축제의 반열에 올라 있다.

한편 서점이 주최가 되어 개최하는 특별한 형태의 책축제도 있다. 부쿠오카는 일본 후쿠오카의 서점들이 연대해 개최하는 소박한 책축제다. 가장 눈에 띄는 프로그램은 참가 서점의 북 매니저들이 기획한 코너이다. 서점마다 진열대가 마련되는데, 각 서점의 지향점을 알 수 있게 해준다. 독립서점의 날 Independent Bookstore Day 같은 이벤트도 같은 범주에 속한다. 모두 서점이 행사 장소라는 공통점이 있다.

예산은
얼마가 필요한가

위스콘신 책축제는 규모나 예산에서 대략 평균치에 가까운
책축제의 모습이 아닐까 싶다. 2018년에 16회째를
맞이하였으니 제법 안정감도 갖추었다. 매년 11월 초에 4일 동안
개최되는데, 저자 프로그램에 대략 만 명을 조금 상회하는
청중이 참가한다. 총예산은 25만 달러다.

*

책축제라 하면 기껏 몇 천 만원의 예산 규모를 생각하기 쉽
다. 그런 축제도 적지 않을 것이다. 하지만 한 해 예산이 수십
억 원에 이르는 책축제도 있다.

미국 위스콘신 주 매디슨에서 열리는 위스콘신 책축제
Wisconsin Book Festival는 규모나 예산에서 대략 평균치에 가까
운 책축제의 모습이 아닐까 싶다. 2018년에 16회째를 맞이하
였으니 제법 안정감도 갖추었다 할 수 있다. 매년 11월 초에 4일

142

동안 개최되는데, 저자 프로그램에 대략 만 명을 조금 상회하는 청중이 참가한다.

총예산은 25만 달러(약 3억 원)다. 매디슨 공립도서관재단에서 12만 달러를 지원하고, 나머지는 매디슨 공립도서관과 후원기관의 현물 지원으로 충당한다. 매디슨 공립도서관은 후원을 받아 지원 기금을 마련한다. 개별 프로그램을 후원하는 프로그램 파트너 제도도 활용한다. 지출은 저자 강연료, 마케팅, 시설 운영, 스태프 인건비 등에 사용된다. 기금을 조성해 후원을 받은 만큼, 청중들에게 참가비는 받지 않는다. 2016년에는 모두 106개의 프로그램이 진행되었는데, 프로그램당 평균 운영비는 1,100달러였다. 이 정도의 예산으로는 총괄 디렉터를 포함한 상시 스태프를 안정적으로 운영하기 버겁다.

영국의 책축제는 유료가 대부분이다. 입장권을 팔아 운영한다는 말이다. 3백여 개의 책축제가 도처에서 열리니 희소성에 의한 프리미엄은 없다. 책축제끼리도 치열한 경쟁이 필수다. 당연히 입장권을 판 수입만으로는 축제를 유지할 수 없다. 어떻게든 후원금을 끌어와야 한다. 기업 후원, 공공재단의 후원금, 소액 개인 후원을 통해 예산의 30~40%를 충당한다.

공공 기금의 후원 면에서는 스코틀랜드가 영국의 다른 지역보다 여건이 좀 낫다. 스코틀랜드 북 트러스트에서 책축제

방글라데시 다카 문학축제에 참석중인 배우 틸다 스윈튼.

를 후원하는 까닭이다. 그래 봐야 작가 참가비를 일부 보조하는 수준이다. 스코틀랜드 북 트러스트의 기금 지원 덕택에 스코틀랜드에서 열리는 책축제들은 규모가 작은 축제라도 초청 작가들에게 150파운드에서 200파운드 정도를 지급한다. 영국에서 열리는 축제 가운데는 작가들에게 한푼도 지급하지 않는 곳이 꽤 되기 때문에, 크게 대비되는 점이 아닐 수 없다.

살림살이가 팍팍하다 보니 어떻게든 지출을 아껴야 한다. 그래서 대부분의 축제는 자원봉사 시스템에 의지해 축제를 꾸려간다. 스코틀랜드 위그타운 책축제처럼 방문객이 1만 명 남짓 되는 축제도 자원봉사자를 1백 명 이상 모집한다.

어떻게 생각하면 유명 작가가 가장 유력한 스폰서일 수 있다. 작가의 유명도에 따라 입장권 판매가 달라진다. 축제에 초청되는 저자들 가운데 수지균형을 맞춰줄 수 있는 저자는 많지 않다. 얼핏 보아 강연료 등을 지불하고 여윳돈이 생길 것 같아도 진행 비용과 장소 대관료 등 부대비용을 계산하면 남는 게 없다는 푸념들이다. 이 같은 관점의 차이 때문에 주최측과 작가들 사이에 갈등이 일곤 한다. 축제 주최측은 학교 프로그램을 비롯한 많은 프로그램을 무료 봉사 프로그램으로 진행하는 점이 고려되어야 한다고 주장한다. 지역사회에 봉사하는 프로그램을 일년 내내 운영하는 곳도 많다.

물론 규모가 큰 책축제들은 정부나 지방자치단체의 재정

지원에 크게 의지하지 않고도 수지 균형을 맞춰가고 있다. 영국 4대 책축제의 하나인 옥스퍼드 문학축제는 예산 규모가 백만 파운드에 달한다. 첼트넘 문학축제는 150만 파운드, 에든버러 국제책축제는 320만 파운드 수준이다. 가장 규모가 큰 헤이 축제는 4백만 파운드가 넘는다.

에든버러 국제책축제의 수입 지출 내역을 살펴보자. 2018년의 수입 가운데 가장 큰 부문은 후원금이다. 48.7%가 기업 후원, 기부, 멤버십 후원을 통해, 11.1%는 공공 기금(Creative Scotland, City of Edinburgh Council), 4.4%는 프로젝트 펀딩(Scottish Government's Edinburgh Festivals Expo Fund)으로 조성되었다. 입장권 판매 수익은 31.5%를 차지하고, 나머지는 책 판매를 비롯한 기타 수입이다. 지출 가운데 가장 큰 부문은 프로그램 운영비와 샬롯데 광장에 축제장을 조성하는 데 들어가는 비용이다. 전체 지출의 46.9%에 해당한다. 34.9%는 인건비, 나머지는 마케팅 및 관리 비용이다.

헤이 축제의 수입 내역은 조금 다른 구성을 보여준다. 입장권 판매와 책 판매 수입이 전체 수입의 64%를 차지하고 있다. 다음으로 큰 부문은 기업 후원금 18%, 전시 참가자 부담금 10% 순이다. 정부 등의 후원은 4%로 에든버러에 비해 현저히 적다.

헤이 축제나 에든버러 책축제가 통상적인 책축제의 준거가

될 수는 없을 것이다. 헤이 축제는 《텔레그래프》와 타이틀 스폰서 계약을 맺으면서 연간 25만 파운드를 후원금으로 받기도 하였으니, 다른 축제들과 형편이 너무 다른 것이다. 그런데도 초청 작가들에게 아주 소액의 참가비를 줄 뿐이며, 더러는 와인으로 때우기도 한다. 우리와 문화적 토양이 다르기 때문일까, 수익을 내기 어려운 문화사업의 한계일까.

책축제의
경제 효과

에든버러에서 한 해 동안 팔리는 축제 티켓은 4백만 장이 넘는다. 방문객의 77%는 스코틀랜드 바깥 사람들이다. 이틀간 열리는 투손 책축제에는 12만 명이 다녀간다. 책축제가 투손 경제에 끼치는 효과는 약 4백만 달러로 평가되었다. 지역의 이미지를 증진하는 효과도 가져다준다.

＊

영국 에든버러는 축제의 도시다. 연중 큰 규모의 축제가 끊이지 않는다. 그러면서도 8월에 대표적인 축제가 집중되어 있는 것이 특징이다. 관광 수요가 높은 계절이기 때문이다. 서로 다른 성격의 축제가 함께 열리면서 시너지를 내고 있다.

축제의 효과는 어느 하나만으로 평가할 수 없다. 경제 효과도 직접 매출과 유발 효과 어느 것으로 분석하느냐에 따라 크게 달라진다. 에든버러 축제의 효과를 분석한 한 논문"Edinburgh Festivals Impact Study"은 축제가 에든버러에 끼치는 영향을 문화적 효과, 경제적 효과, 사회적 효과의 3부문으로 나누어 분석하고 있다.

축제의 문화적 효과가 놀라운 것이었음은 90% 이상의 관객이 축제가 '반드시 보아야 할 이벤트'였고, 축제가 '다른 곳에서라면 불가능했을 작품을 만날 기회를 제공'했다고 답한 데서 분명히 알 수 있다. 공연 단체 등의 만족도도 매우 높았다. 지역 주민들에게는 세계 수준의 이벤트를 경험할 수 있는 기회를 제공해 준다. 한편 책축제는 지역 사회의 독서를 진작시키는 데 크게 기여한다.

에든버러에서 한 해 동안 팔리는 축제 티켓은 4백만 장이 넘는다. 방문객의 77%는 스코틀랜드 바깥 사람들이다. 경제 효과를 수치로 나타내면 2억 6천만 파운드에 이른다고 한다. 5천 2백 명의 상시 일자리도 만들어낸다.

사회적 효과는 90% 가까운 지역 사람들이 자기 고장에 대한 자부심을 갖게 되었다고 답한 데서 확인된다. 가족과 함께 보내는 시간이 늘어났고, 아이들의 행복도 증진시켰다고 한다.

투손 책축제는 미국 애리조나 주 투손에서 개최된다. 이틀 간 열리는 책축제에 12만 명이 다녀간다. 애리조나 경영대학 대학원생들의 분석에 따르면 책축제가 투손 경제에 끼치는 효과는 약 4백만 달러로 평가되었다. 축제장에서 사용한 비용뿐 아니라, 호텔, 레스토랑, 자동차 렌트 등의 부수적인 부문에 지출한 돈을 모두 고려한 것이다. 투손은 인구 50만 명이 넘는 제법 큰 도시이기는 해도, 멕시코 국경 근처에 외따로 위치한 도시이기 때문에 이 같은 축제의 경제적 효과가 보다 직접적으로 체감되는 편이다.

투손 방문자가 사용하는 지출의 70% 가량은 호텔, 레스토랑, 상점 같은 곳으로 흘러간다고 한다. 지역 쇼핑몰의 매출도 책축제가 들어 있는 3월에는 약 5% 정도 늘어난다. 지역에 뿌리를 둔 기업들은 책축제를 마케팅 기회로 적극 활용한다. 지역의 문학, 독서 기관들에 대한 후원도 늘어난다.

스코틀랜드의 위그타운이라는 작은 책마을에서 열리는 위그타운 책축제를 찾는 방문객은 만 명 남짓이다. 방문객의 절반 이상은 꽤 먼 데서 오는 외지 사람들이다. 위그타운 책축제 측에서는 축제의 경제적 효과를 2백만 파운드 어름으로 추산한다. 투손 축제의 평가에 비해 과한 감이 있지만, 간접 효과를 포함한 나름대로 근거 있는 산출일 것이다. 분석 방법은 다양하기 때문이다.

책축제는 지역의 이미지를 증진하는 효과도 가져다준다. 방문자들이 좋은 인상을 갖고 돌아갈 뿐만 아니라, 책축제에 대한 미디어의 관심이 높기 때문이다. 프로그램 전체를 통째로 텔레비전에서 중계하는 일도 잦다. 자연스레 지역을 알리

에든버러는 축제의 도시다.
축제를 즐기기 위한 사람들이
에든버러 구시가지 로열 마일을
가득 메우고 있다.

는 장소 브랜딩 기회가 되는 셈이다.

헤이 축제에 초대 받아 참석한 역사가 가이 월터스Guy Walters는 《리터러리 리뷰》*Literary Review*에 쓴 글에서 자신의 강연에 대한 축제 측의 처우에 불만을 나타냈다. 자신의 집에 돌아온 다음 몇 가지 수학 계산을 해보았더니, 헤이 축제 측이 자신의 강연을 통해 벌어들인 수입에 비해 자신이 지급 받은 강연료가 터무니없이 적었다는 것이다. 이어지는 글에서 그는 헤이 축제는 4백만 파운드의 매출을 올리고 백만 파운드의 수익을 올린다고 썼다.

책축제의 경제적 효과를 직접 매출에 국한해 평가하는 데는 한계가 분명하다. 지역의 입장에서는 지역 마케팅의 의미가 있겠고, 저자나 출판사는 대중에게 저자를 알리고 책을 홍보하는 장으로서 가치를 지닐 것이다.

큰 책축제에 비해 작은 축제가 재정적으로 어려울 것은 불문가지다. 그럼에도 그런 상황은 아랑곳없다는 듯이 신생 책축제가 계속 생겨나고 있다. 그것은 경제적 차원을 넘어서는 책축제의 문화적 사회적 효과가 자못 크기 때문일 것이다.

좋은 책축제는
권위 있는 문학상과 함께

책축제에 시상 제도를 도입한 사례는 전 세계에서 두루
발견된다. 책축제의 권위를 높이고 대중성을 확보하기
위해서이다. 또한 책축제가 유명세를 얻어감에 따라 기존에
존재하던 상의 수여식을 책축제장으로 변경하거나 외부에서
운영기금을 만들어 책축제에 의뢰하는 경우도 있다.

*

"아시아 출판계는 그 시원적 뿌리와 문화적 자양을 같이하
고 있으며, 근대 이후 비슷한 길을 걸으며 세계 출판계에 우뚝
서게 되었습니다. 출판활동이 크게 위축되고 있는 지금이야말
로 문자 콘텐츠 산업의 중요성을 다시금 환기해 볼 때입니다.
또한 출판인들에 대한 격려와 국제적 연대가 절실합니다. 파
주북어워드는 높은 문제의식과 탁월한 업적을 통해 아시아
출판의 발전에 기여한 출판인 및 저자, 출판미술인을 기리기

만년필 촉으로 별 모양을 형상화한 존 캠프벨 상 기념 핀.
파주북소리에서는 파주 북어워드를 제정한 바 있다.

위해 한국, 중국, 대만, 홍콩, 일본의 출판인들이 힘을 합쳐 제정하였으며, 세계 출판시장에서 차지하는 아시아 출판의 위상에 걸맞는 권위있는 상을 목표로 합니다. 우리는 파주북어워드가 아시아 출판문화의 질량적 발전에 크게 기여하고, 장차 아시아를 넘어 세계로 그 보폭을 넓혀가기를 기대합니다."

파주북어워드Paju Book Award의 취지를 설명한 글이다. 파주북어워드는 출판도시에서 개최되는 파주북소리를 국제적인 책축제이자 같은 문화의 뿌리를 갖고 있는 아시아 출판인들이 소통하는 플랫폼으로 만들기 위한 목표 아래 2012년 출범하였다. 상의 종류는 저작상, 기획상, 출판미술상, 특별상의 4부문이다. 운영 조직에 동아시아 각국의 명망 있는 출판인들이 고루 참여하고, 첫해에 우리 나라에서 한 부문의 수상자도 배출하지 못할 만큼 공정하게 운영되고 있다.

책 문화 이벤트에서 수여하는 상 가운데 우리에게 잘 알려진 것은 볼로냐 국제어린이도서전의 라가치 상이다. 우리 나라 작가들도 여러 번 상을 수상하였으며, 라가치 상 수상작 전시회도 심심찮게 열린다. 프랑크푸르트 도서전에서도 여러 형태의 상이 수여된다. 가장 대표적인 것은 국제 평화에 이바지한 사람에게 수여하는 평화상이다.

책축제도 다르지 않다. 책축제에 시상 제도를 도입한 사례는 전 세계에서 두루 발견된다. 책축제의 권위를 높이고 대중성을 확보하기 위해서일 것이다. 또한 책축제가 유명세를 얻어 감에 따라 기존에 존재하던 상의 수여식을 책축제장으로 변경하거나 외부에서 운영기금을 만들어 책축제에 의뢰하는 경우도 있다.

에든버러 국제책축제에서는 2007년부터 '제임스 태이트 블랙 기념 상'James Tait Black Memorial Prizes이 수여되고 있다. 영어로 쓰인 문학 작품에 주는 상으로, 1919년으로 그 뿌리가 거슬러 올라가는 영국에서 가장 오래된 문학상의 하나다. 윌리엄 골딩, 나딘 고디머 등의 노벨 상 수상자들도 일찍이 이 상을 수상하였다. 헤이 축제는 문학의 발전에 기여한 사람들에게 헤이 메달을 수여하는 전통을 갖고 있다. 산문, 교육, 드라마, 일러스트레이션의 4부분으로 나누어 시상한다. 영국 국립도서관과 파트너 협약을 맺고 2020년부터는 새로운 문학상The Eccles Centre & Hay Festival Writer's Award의 운영에 참여한다.

상의 종류가 많기로는 프랑스 앙굴렘 만화축제가 으뜸일 것이다. 대상Grand Prix de la ville d'Angoulême을 받은 작가는 다음해 특별 개인전 개최 기회를 갖게 된다. 오스트레일리아의 멜버른 문학축제는 '에이지 올해의 책 상'을 수여한다. 《에이지》The Age 신문이 주요 후원사라서 이런 이름을 갖게 되었다. 첼트넘 문학축제에서는 '닉 클라크 상'Nick Clarke Award 수상자가 발표된다. BBC가 제정한 상으로 언론 인터뷰가 선정 대상이다. 미국에서 개최되는 페이 케이글러 어린이책축제는 2010년 '콜린 샐리Coleen Salley 스토리텔링 상'을 제정하였다. 아동 문학가이자 축제 후원자인 콜린 샐리를 기리는 상이다.

한편 많은 축제들이 신진 작가의 등용문으로서 적극적인 역할을 하고 있다. '에즈라 잭 키츠Ezra Jack Keats 도서상'은 페이 케이글러 어린이책축제에서 신진 작가를 위해 만든 상이다. 어린이 책 분야에서 뛰어난 성과를 낸 작가와 일러스트레이터에게 수여한다. 길드포드 책축제Guildford Book Festival에는 '올해의 젊은 작가 상'이 있다. 축제 기간 동안 경선을 통해 수상자를 결정한다. 레드버리 시축제는 두 번째 시집만을 대상으로 수상자를 결정하는 다소 이색적인 상Ledbury Forte Poetry Prize For Second Collections을 출범시켰다. 많은 시인들이 데뷔 시집을 내고는 두 번째 시집을 출간하는 데 애를 먹는 상황을 고려한 것이다.

"로스앤젤레스 타임스 도서 상'은 작가들이 심사하기 때문에 진정한 의미에서 동료 작가들에 대한 경의를 나타낸다. 그러나 더욱 중요한 것은 우리가 사는 세상을 이해하고 세상과 소통하는 필수적인 길인 독서의 중요성을 일깨워주는 점이다. 변덕스럽고 유행에 민감한 세상에서 소 걸음으로 뚜벅뚜벅 나아갈 수밖에 없을 것이며, 거기에 도서 상의 존재 의미가 있을 것이다."

1980년에 제정된 '로스앤젤레스 타임스 도서 상'의 취지를 설명한 글이다. 도서 상이 축제의 홍보를 넘어 책 문화의 본질을 고민하며 운영되고 있음을 대변하는 발언이 아닌가 싶다.

책축제 이름에 언론이
들어가는 이유

영국의 4대 책축제 가운데 에든버러를 제외하고는 모두 축제
타이틀에서 언론기관의 이름이 발견된다. 언론이 책축제의
타이틀 스폰서를 맡는 이유는 책축제가 대중적 인기가
있다는 반증이다. 또 책축제가 문화적 이슈와 뉴스 거리를
만들어내기 때문이다.

＊

대학 도시로 유명한 옥스퍼드에서는 해마다 3월이면 옥스
퍼드 문학축제가 열린다. 2019년에 23회째를 맞이하였다. 현
재 옥스퍼드 문학축제의 이름은 'FT 위크엔드 옥스퍼드 문학
페스티벌'FT Weekend Oxford Literary Festival이다. 《FT 위크엔
드》는 경제지로 이름 높은 《파이낸셜 타임스》의 주말판이다.
삶과 문화, 예술을 주로 다룬다.

축제 이름에 신문 이름이 들어간 이유는 무엇일까? 《FT 위

크엔드》가 축제의 타이틀 스폰서이기 때문이다. 이처럼 축제 이름에 타이틀 스폰서의 이름이 들어가는 일이 외국에서는 흔하다. 영국의 4대 책축제 가운데 에든버러를 제외하고는 모두 축제 타이틀에서 언론기관의 이름이 발견된다.

옥스퍼드 문학축제의 이름은 얼마 전까지는 '선데이 타임스 옥스퍼드 문학축제'Sunday Times Oxford Literary Festival였다. 타이틀 스폰서가 바뀌었다는 뜻이다. 헤이 축제는 한동안 축제 이름에 가디언*Guardian*이, 그 뒤에는 텔레그래프*Telegraph*가 들어가 있었다. 지금은 모두 빠졌다. 첼트넘 문학축제The Times & Sunday Times Cheltenham Literature Festival 역시 정식 이름에서 언론기관을 찾아볼 수 있다. 배쓰 어린이문학축제 Telegraph Bath Children's Literature Festival처럼 그밖의 축제에서도 심심찮게 발견된다. 다른 나라라고 다르지 않다. 멜버른 문학축제The Age Melbourne Writers Festival의 이름에서는 한때《에이지》신문이 축제의 타이틀 스폰서였음을 알 수 있다.

언론이 책축제의 타이틀 스폰서를 맡는 이유는 책축제가 대중적 인기가 있다는 반증이다. 또 책축제가 문화적 이슈와 뉴스 거리를 만들어내기 때문이다. 타이틀 스폰서를 맡는 언론은 축제 측과 계약을 맺어 후원 기간과 조건을 정한다. 미디어 보도를 통한 후원뿐 아니라 적지않은 금액의 후원금을 지원하기도 한다.

타이틀 스폰서를 어느 한 언론이 맡았다고 해서 다른 언론이 전적으로 배제되지는 않는다. 《FT 위크엔드》가 옥스퍼드 문학축제의 타이틀 스폰서임에도 불구하고, BBC(BBC World Service, BBC Four)는 라디오 파트너, 《옥스퍼드 타임스》는 지역 미디어 파트너의 역할을 맡고 있다. 《가디언》과 《텔레그래프》가 타이틀 스폰서일 때 헤이 축제 역시 BBC와 스카이 아츠Sky Arts가 미디어 파트너였다. BBC는 현재 헤이 축제의 글로벌 방송 파트너이다. 《뉴욕타임스》와 《이코노미스트》, 《뉴스위크》도 헤이 축제의 미디어 파트너를 맡은 적이 있다.

헤이 축제장을 방문하고 놀란 것 중의 하나는 행사가 진행되는 10여 개 텐트의 규모가 상상을 초월할 만큼 컸을 뿐 아니라, 행사장 뒤편에 어김없이 텔레비전 카메라가 설치되어 있는 점이었다. 2017년 헤이 축제를 보도한 BBC 프로그램만 25개에 이른다고 한다. 그 가운데는 생방송으로 진행된 것도 있고, 무려 7시간에 걸쳐 중계한 라디오 프로그램도 있다. 언론은 프로그램 중계, 뉴스, 사설, 광고, 팟 캐스트 등 다양한 방식을 통해 축제를 알리는 데 기여한다.

방송국이 축제장에서 직접 프로그램을 진행하는 프로젝트 파트너의 역할을 맡기도 한다. BBC는 헤이 축제장에 독립 텐트를 마련해 작가 강연, 클래식 음악 공연, 어린이 프로그램을 진행한다. 《FT 위크엔드》역시 옥스퍼드 문학축제장의 하

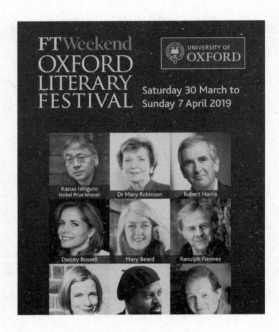

옥스퍼드 문학축제의 이름에 신문 이름이
들어간 이유는 《FT 위크엔드》가
타이틀 스폰서이기 때문이다.

나인 보들리언Bodleian 도서관에서 'FT 위크엔드'라는 이름의 이벤트를 가졌다. 하루 동안 10여 명의 저명한 지식인들이 연속으로 또는 동시에 강연회를 개최하는 행사였다.

헤이 축제나 에든버러 국제책축제처럼 명망이 높은 책축제에는 전 세계에서 언론인들이 몰려온다. 2016년 에든버러 책축제에는 25개국에서 381명의 언론인이 찾아온 것으로 집계되었다. 2,368건의 보도가 이루어지고, 27개의 이벤트가 알자지라 방송 등에 의해 영상 보도되었다.

책축제들은 언론과의 제휴를 모색하고, 언론도 이에 적극 호응하고 있다. 그래서 축제 타이틀에 특정 언론의 이름을 넣는 것도 주저하지 않는다. 페스티벌 자체 웹사이트나 페이스북, 트위터, 인스타그램 같은 SNS 매체도 적극 활용하지만, BBC 같은 국제 네트워크를 갖춘 언론의 영향력은 다른 무엇과도 비교할 수 없기 때문이다.

협업이 필요하다

외국의 책축제들은 프로젝트 파트너 개념이 보편화되어 있다. 큰 축제의 경우는 프로젝트 파트너만 수십 개에 이른다. 대학, 박물관, 독서운동 단체, 작가 단체, 언론에서부터 외국의 문화기관까지 다양하다. 최근에는 해외 책축제와 교류하는 프로그램이 속속 등장하고 있다.

*

이벤트의 가짓수가 많기로는 축제 가운데 책축제가 으뜸일 것이다. 수십 만 명의 청중이 운집하는 세계적인 음악축제라 하여도 서너 개의 무대에 수십 개의 밴드가 오를 뿐이다. 메인 공연은 십만을 훌쩍 넘기는 청중들이 함께 즐기기도 한다. 하지만 책축제 이벤트 장에는 몇백 명의 청중이 고작이다. 몇십 명, 몇백 명이 모이는 수백 개의 이벤트로 이루어지는 게 책축제다.

자연히 많은 손길이 필요하다. 숱한 사람과 단체의 협업이 필요하다. 적극적으로 도움을 주고 받을 전략 파트너를 찾아야 한다. 축제 기간 동안 동분서주하며 도와주는 자원활동가에서 부터 프로그램 기획, 스폰서, 마케팅의 영역까지 다양하다.

오스트레일리아의 클룬스 책축제에 초대 받아 간 적이 있다. 크리에이티브 클룬스라는 자원활동가 조직이 축제를 기획하고 운영한다. 그들은 작은 마을의 축제를 기획하면서도 국제적인 시야를 갖고 있었다. 그렇기 때문에 명분을 갖고 국가기관, 문화예술 후원기관을 설득해 기금을 지원 받고 연대 네트워크를 확장할 수 있었다. 세계 문학도시 멜버른 사무국, 빅토리아 주립도서관, 윌러 센터 등과 제휴하면서 자연스럽게 클룬스의 위상은 세계 문학도시 멜버른에 버금가는 오스트레일리아 유일의 책마을로 자리 잡았다.

파주북소리는 출범시 축제의 방향을 파트너십 축제로 설정하였다. 큰 축제를 운영하려면 단독으로는 불가능하다. 국내의 대표적인 출판 관련 기관, 독서운동 단체, 문화기관, 학교, 해외 출판기구 등과의 적극적인 네트워크를 통해 프로그램을 함께 만들어가는 개념이다.

외국의 책축제들은 프로젝트 파트너 개념이 보편화되어 있다. 큰 축제의 경우는 프로젝트 파트너만 수십 개에 이른다. 대학, 박물관, 독서운동 단체, 작가 단체, 언론에서부터 외국

클룬스 책축제는 유네스코 문학도시
멜버른의 대표적인 문화기관 등과의 협업을
적극 추진하고 있다. 행사기간 동안
파주북소리와의 프로그램 협업을 논의하였고,
20세기 초 한국의 모습을 카메라에 담은
조지 로스 사진전 개최로 구체화되었다.

의 문화기관까지 다양하다. 최근에는 해외 책축제와 교류하는 프로그램이 속속 등장하고 있다.

재정 도움을 주는 후원기관은 주로 기업과 공공 문화기금이다. 책축제를 후원하는 기업들은 문맹 퇴치, 독서, 문학, 환경 보호 등에 관심이 높다. 옥스팜 같은 자선단체나 공정무역 운동단체들도 축제의 단골 파트너들이다. 외국 책축제의 특징은 개인이 다양한 형태로 축제에 재정 기여를 하는 점이다. 소액 기부에서부터 '축제의 친구' 같은 후원조직에 가입해 축제를 지원한다. 미국의 '페이 케이글러 어린이책축제'는 페이 케이글러라는 퇴직 교사의 후원에 의해 탄생하였다.

옥스퍼드 문학축제는 옥스퍼드 대학과의 긴밀한 협력 속에서 진행된다. 축제 공간과 프로그램 기획 등 여러 면에 걸쳐 옥스퍼드 대학의 지원이 이루어진다. 옥스퍼드 대학이 축제 파트너로 이름을 올리고 있음에도 불구하고, 산하의 칼리지들이 별도의 파트너로서 참여한다. 세계에서 가장 오래된 도서관인 옥스퍼드 대학 보들리언 도서관은 문화 파트너, 우스터 칼리지는 대학 파트너, 마틴 스쿨은 아이디어 파트너이다. 그밖에도 킨즈 칼리지, 링컨 칼리지 등 여러 칼리지와 평생교육원, 히브리 센터 등 산하기관들이 파트너 명단에 들어 있다.

타이틀 스폰서인 《FT 위크엔드》와 옥스퍼드 대학을 제외한 가장 중요한 또 하나의 파트너는 블랙웰 서점이다. 옥스퍼드 시내의 중심에 위치한 블랙웰 서점은 축제의 온-오프라인 공식 서점일 뿐 아니라, 토크와 저자 사인회가 열리는 장소이자, 축제 공식 티켓 판매소를 운영한다. 블랙웰 서점과 축제 텐트가 설치되는 블랙웰 서점 바로 길 건너의 셀도니언 극장 앞은 옥스퍼드 문학축제의 허브 공간이다.

헤이 축제는 더 헤아리기 어려울 만큼 다양한 기관, 단체들과 협업해 축제를 치른다. 지역 단체들뿐 아니라 케임브리지 대학이나 버밍엄 대학, 대영박물관, 런던 도서관, 내셔널 트러스트, 볼로냐 어린이도서전처럼 그 대상은 지역과 국경을 초월한다. 케임브리지 대학은 해마다 헤이 축제에 주요 강연자를 제공해 준다. 뿐만 아니라 백만여 명에 달하는 졸업생들에게까지 축제 소식을 알려준다. 60만 명의 재학생을 거느린 사이버 대학 오픈 유니버시티Open University는 일련의 프로그램을 후원하고, 마케팅도 지원한다. '세계 책의 날'은 자신의 사이트에서 헤이 축제의 어린이 프로그램인 헤이 피버를 프로모션해 주고, 대영박물관과 로열 셰익스피어 컴퍼니 같은 곳에서도 홍보를 지원한다.

영국 최대 서점 체인인 워터스톤과 영국서점협회는 헤이 축제의 포스터와 브로셔를 배포하고 메일을 전송하는 홍보는 물론, 축제가 열리기 전에 헤이 축제 참가 저자들의 특별 코너를 운영한다. 워터스톤 같은 곳은 헤이 저자 프로모션을 통해 매출이 60% 정도 신장된다고 한다. 독서위원회는 전국의 여러 도서관에 헤이 저자 코너가 마련될 수 있도록 도움을 준다.

단순 후원, 협찬만이 아니라 프로그램 기획, 홍보, 미케팅의 전 영역에 걸쳐 다양한 기관과의 협업이 이루어짐을 알 수 있다.

진화하는
국제 네트워크

최초의 유네스코 문학도시는 에든버러다. 에든버러를 세계
문학의 선두주자로 만들기 위한 노력은 다양하게 펼쳐진다.
에든버러 국제책축제는 그 중심에 서 있다. 그 활동의 한 축은
에든버러 유네스코 문학도시 조직이고, 다른 하나는 8곳의
세계 문학축제와 전략적 제휴 관계를 맺고 있는 워드
얼라이언스이다.

*

어디라 할것없이 국제화 시대다. 책축제 역시 마찬가지다.
도서전은 본래의 성격상 저작권 거래를 중심으로 하기 때문
에 국제적일 수밖에 없다. 단지 대부분의 도서전이 그 기능을
제대로 못할 뿐이다. 책축제는 저자와 독자가 만나는 프로그
램이 중심이기 때문에 국제성을 띠기 어려울 것으로 생각하기
쉽다. 딴은 그럴 것이다. 무엇보다 언어 장벽이 있을 것이고, 영

어처럼 많은 나라가 공용어로 사용하더라도 자국 작가 선호도가 높을 것이기 때문이다.

2016년 에든버러 국제책축제에는 53개 나라의 작가들이 초청되었다. 서구 나라들뿐 아니라 아프리카의 르완다, 나이지리아, 수단, 소말리아, 리비아 같은 나라에서부터 내전을 겪고 있는 아시아의 시리아와 이라크, 동유럽의 우크라이나에 이르기까지 전 세계를 망라하고 있다. 미국 플로리다 주에서 열리는 마이애미 국제책축제에는 중남미 국가의 작가들이 대거 참가한다. 영어뿐 아니라 아예 스페인 어로 진행하는 프로그램도 있다. 처음부터 중남미 스페인 어권을 아우르는 책축제를 목표로 한 것이다.

2011년 파주북소리를 시작하면서 고민 중의 하나는 어떻게 파주북소리를 국제화할 것인가였다. 언어상의 한계가 있기는 하지만, 세계에 단 하나뿐인 출판산업 집적지 파주출판도시를 발판으로 하는 만큼, 아시아권을 대표하는 국제책축제로 만들어보자는 목표였다. 그래서 아시아 출판문화의 발전에 기여한 사람에게 시상하는 파주북어워드를 제정하고, 아시아 작가대회를 개최하는 등 아시아 책축제의 중심이 되기 위한 노력을 기울였다. 세계 책마을의 대표들을 초청하는 프로그램과 영국문화원, 프랑스 문화원 등과 연계한 기획도 선보였다.

최초의 유네스코 문학도시는 에든버러다. 에든버러를 세계 문학의 선두주자로 만들기 위한 노력은 다양하게 펼쳐진다. 에든버러 국제책축제는 그 중심에 서 있다. 그 활동의 한 축은 에든버러 유네스코 문학도시 조직이고, 다른 하나는 8곳의 세계 문학축제와 전략적 제휴 관계를 맺고 있는 워드 얼라이언스Word Alliance이다. 2012년과 2013년에는 영국문화원과 함께 에든버러 세계 작가 컨퍼런스를 개최하였다. 세계 60여 개국의 작가들이 에든버러 책축제를 시작으로 문학축제가 열리는 14개 도시를 순회하는 대장정이었다. 이와 같은 노력은 다양한 방법으로 꾸준히 전개된다.

지구촌에서 가장 큰 책축제는 이론의 여지 없이 헤이 축제다. 그런데 헤이 축제 조직은 영국 웨일스의 헤이온와이에서 열리는 축제만 운영하는 게 아니다. 스페인의 세고비아, 콜롬비아의 카르타헤나, 멕시코의 케레타로, 페루의 아레키파 등 세계 도처에서 헤이 이름이 붙은 책축제를 운영한다. 케냐의 나이로비, 인도의 케랄라, 레바논의 베이루트, 방글라데시의 다카 등 축제를 만들고 운영하다 넘겨준 책축제도 많다. 이탈리아의 만토바 문학축제와 브라질의 파라티 문학축제가 출범하는 데도 도움을 주었다. 헤이 축제가 이처럼 국제적인 책축제의 산실이 된 계기는 이탈리아의 롬바르디 주가 헤이 축제 디렉터인 피터 플로렌스에게 도움을 요청하면서였다. 헤이 축

세계책마을축제와 함께 개최되는 세계책마을협의회 총회.
책마을의 공동 발전을 위해 격년제로 순회 개최되며,
2012년의 제8회 세계책마을축제는 말레이시아 캄퐁부쿠에서
열렸다. 파주북소리는 옵서버 자격으로 참석하였다.

제는 유네스코 및 세계 책의 수도World Book Capital 프로젝트와 협력하여 젊은 작가를 선발하고 육성하는 프로그램도 진행하고 있다.

오스트레일리아의 멜버른은 영국 에든버러에 이어 세계에서 두 번째로 지정된 유네스코 세계 문학도시다. 유네스코 문학도시들은 유네스코 창의도시 네트워크를 통해 문학의 발전과 상호 교류에 힘쓰고 있다. 멜버른 문학축제는 유네스코 문학도시 멜버른 사무국과 같은 사무실을 쓰면서 국제적인 프로그램을 개발하고 운영하는 도움을 주고받는다. 외국 작가를 초청하는 것을 넘어 2013년 멜버른 문학축제는 세계적 명성을 지닌 문학잡지 *LRB London Review of Books* 특집 프로그램을 선보이기도 했다. *LRB* 소속 또는 주요 필진이 12개 이상의 축제 프로그램에 참여하였다.

2017년의 멜버른 문학축제에서는 다소 이색적인 행사가 펼쳐졌다. 자이푸르 문학축제 멜버른JLF Melbourne이라는 타이틀 아래 인도를 대표하는 작가들이 한마당 판을 벌인 것이다. 자이푸르 문학축제와 멜버른 문학축제의 협력 프로그램이었다. 오스트레일리아에는 인도 이민자들이 많이 산다. 그 같은 조건이 JLF 멜버른을 가능하게 하였을 것이다. 자이푸르 문학축제는 영국 런던, 북아일랜드 벨파스트, 미국 뉴욕, 휴스턴, 캐나다 토론토, 오스트레일리아 애들레이드 등 각지를 순회하며 인도 문학의 자양분을 확산하는 데 열심이다. 영국 국립도서관, 오즈아시아 축제 등 여러 기관과의 협업을 통해 만들어가는 프로그램이다.

영국 옥스퍼드 문학축제와 인도 콜카타 문학축제Kolkata Literary Meet 사이의 협업도 눈에 띄는 대목이다. 두 축제는 상대방 축제 기간 동안 서로 '인도의 날'과 '옥스퍼드의 날' 이벤트를 교환 진행한다.

3부

지구촌의
책축제

세계 최초의 책축제

첼트넘 문학축제

세계 최초의 책축제인 첼트넘 문학축제는 영국을 넘어 이제
세계에서 가장 사랑 받는 문학축제의 하나가 되었다. 책축제가
많기로 유명한 영국에서도 자타가 공인하는 4대 책축제의
하나다. 손꼽히는 축제의 도시 첼트넘의 축제 가운데 단연 최대
참가자를 자랑한다.

*

세계에서 가장 먼저 책축제를 개최한 곳은 영국의 첼트넘
Cheltenham이다. 1949년의 일이다. 2차세계대전 이후 새롭게
출발한 프랑크푸르트 도서전이 시작된 해이다. 정식명칭은 첼
트넘 문학축제이다.

첼트넘 문학축제 이전까지 '축제'를 내건 책 관련 행사는
없었다. 오직 도서전만이 있었다. 구텐베르크가 인쇄술을 발
명한 이후 유럽의 크고작은 도시에서 저마다 도서전이 열렸지

만, 실상은 독일의 프랑크푸르트와 라이프치히가 주도권을 다투는 양상이었다. 20세기 전반기는 도서전의 암흑시대였다. 두 차례의 세계대전을 치르는 등 정치경제적 여건 때문에 두 도시의 도서전마저 겨우 실낱 같은 명맥을 이어왔던 것이다.

프랑크푸르트 도서전과 첼트넘 문학축제가 같은 해에 열리기 시작한 것은 우연이라 할 수 있다. 세계대전의 상처를 문화의 힘으로 치유하려는 다양한 모색의 일환이었다. 함께 시작하였다고 가는 길이 같은 법은 아니다. 1950년대부터 80년대까지는 도서전의 일방 독주시대였다. 프랑크푸르트 도서전이 비약적인 성공을 거두었을 뿐 아니라, 프랑크푸르트를 모델로 한 도서전이 전 세계에서 80여 곳이나 생겨났다.

책축제의 시대가 본격적으로 시작되는 것은 에든버러 국제책축제와 헤이 축제가 시작된 1980년대 이후다. 그런 점에서 첼트넘 문학축제는 매우 이례적이다.

첼트넘은 웨일스와의 접경에 가까운 잉글랜드 서부의 작은 시골도시다. 인구 십만이 조금 넘는 도시답지 않은 유명세는 이 도시가 온천도시이기 때문이다. 왕실과 귀족들이 즐겨 찾았던 까닭에 19세기 초의 권위 있는 전통건축이 많이 남아 있다.

첼트넘 주변 지역은 코츠월드라고 불린다. 목가적 풍경이 아름다워 가장 영국적인 곳으로 일컬어진다. 런던에서 멀리

2017년 첼트넘 문학축제에 참가한 작가 마이클 로젠이
사인회를 갖고 있다.

떨어져 있음에도 영국인들이 가장 살고 싶어하는 고장으로 꼽힌다. 틀에 박힌 여행에서 벗어나 새로운 것을 찾는 여행 마니아들이 즐겨 찾는 곳이기도 하다.

첼트넘은 영국에서도 손꼽히는 축제의 도시다. 도시를 대표하는 4개의 축제는 재즈 축제, 과학축제, 음악축제, 그리고 문학축제이다. 해마다 2,500명이 넘는 유명 뮤지션, 과학자, 작가 들이 관객, 청중 들과 함께하기 위해 첼트넘을 찾는다. 4개의 축제에서 개최되는 이벤트가 천 개를 넘고, 22만 장의 표가 팔린다.

첼트넘에서 축제가 처음 개최된 것은 1945년의 일로 음악축제가 첫 테이프를 끊었다. 에든버러 축제가 1947년에 시작되었으니, 첼트넘이 매우 선도적인 도시임을 알 수 있다. 첫해 무대에 오른 연주회는 겨우 3개였다.

첼트넘 문학축제는 온천도시답게 작가와 온천 관계자의 협업에 의해 탄생하였다. 작가 존 무어John Moore와 온천 매니저 조지 윌킨슨George Wilkinson이 그들이다. 첼트넘 문학축제는 이제 세계에서 가장 사랑 받는 문학축제의 하나가 되었다. 책축제가 많기로 유명한 영국에서도 자타가 공인하는 4대 책축제의 하나로 꼽힌다. 첼트넘 문학축제The Times and The Sunday Times Cheltenham Literature Festival는 현재 영국의 중앙 유력지로 자매지 관계인 《더타임스》와 《선데이타임스》가 타이틀 스폰서를 맡고 있다. 축제 이름에 두 매체의 이름이 들어가 있는 이유다.

매년 가을 첼트넘은 문학을 사랑하는 사람들의 꿈속으로 빠져든다. 첼트넘 시청과 임페리얼 스퀘어, 몽펠리에 가든이 주행사장이다. 몽펠리에 가든에는 거대하고 아름다운 슈피겔 텐트가 설치된다. 슈피겔 텐트의 나무 바닥이며 스테인드글라스 창에서 유럽 전역을 누비며 순회공연을 펼치던 유랑 극단의 풍취가 물씬 묻어난다.

축제에는 6백 명 이상의 세계적인 작가, 시인, 배우, 코미디언, 언론인, 학자, 정치가 들이 초청되고, 5백여 건의 이벤트가 진행된다. 슈 타운젠트, 살만 루시디, 스티븐 호킹, 도리스 레싱, 토니 모리슨 등 세계문학사상 이름을 알린 유명인사의 대부분이 이곳을 방문하였다. 진행되는 프로그램은 다양한 형태의 강의 및 토크, 시낭송, 인터뷰, 어린이 이벤트, 스토리텔링, 독서모임, 글쓰기 워크숍, 교육 프로젝트 등이다.

축제가 진행되는 동안 영국뿐 아니라 세계 각국에서 방문객이 답지한다. 지난 2014년에는 10월 3일부터 12일까지 10일 동안 열렸다. 2014년 파주북소리와 정확히 날짜가 일치한다. 2018년에는 10월 5일부터 14일까지 열렸다. 10월 첫주 금요일부터 둘째주 일요일까지가 행사기간이다.

첼트넘 문학축제는 작가들을 초청해 강연하도록 하는 데

머물지 않고, 우리가 사는 사회에 큰 질문을 던지는 것을 특징으로 한다. 다음과 같은 주제들이 첼트넘에서 즐겨 다루어진다. '민주주의는 위기인가?' '기술은 우리의 두뇌를 변화시키는가?' '다음 세기는 무엇을 간직할 것인가?'

2018에는 14만 1,500명이 표를 사 축제에 참가하였다. 첼트넘 4대 축제 가운데 단연 최대 참가자를 자랑한다. 청중들은 페스티벌 서점에서 작가들의 책을 구입하고, 강좌를 들은 후 작가 사인을 받을 수 있다. 행사장 곳곳에는 북 텐트가 설치되어 이벤트 사이사이의 자투리 시간 동안 책을 보며 보낼 수 있다.

책축제의 권위를 높이고 대중성을 확보하기 위해 문학상을 제정해 운영하는 축제들이 많다. 첼트넘 문학축제는 BBC가 제정한 '닉 클라크 상' 수상자가 발표되는 곳이다. 암으로 세상을 떠난 BBC 라디오 진행자 닉 클라크를 기리기 위한 상이다. 한 해 동안의 언론 인터뷰 가운데 가장 뛰어난 작품을 선정해 시상한다. 방송, 코미디까지 아우르는 영국 문학축제의 개방성을 엿볼 수 있다. 수상자에게는 닉 클라크가 즐겨 마시던 보르도 산 적포도주를 부상으로 준다.

인도에서 부는 변화의 바람

자이푸르 문학축제

자이푸르 문학축제는 2006년에 출범한 신생축제다. 그러나
인도와 아시아를 넘어 '세계 최대 규모의 무료 문학축제'로
성장하였다. 2017년 축제장을 찾은 청중은 35만 명이었다.
자이푸르 문학축제는 세계의 경이로움의 하나가 되었다.
소설보다 드라마틱한 인도의 현실을 둘러싼 토론 속에서
새로운 인도가 태어나고 있다.

*

인도는 찬란한 문명을 발전시켜온 나라이다. 그러나 출판
산업은 황무지다. 사람들은 책을 읽지 않는다. 5천 부가 팔리
면 비소설분야 베스트셀러에 오른다. 미국에서 3백만 부가 팔
린 〈해리 포터〉 시리즈 4권이 인구가 네 배가 되는 인도에서는
겨우 3만 부 발행되었다.

물론 이 같은 현상은 주로 경제적 요인 때문이다. 책은 사치

품으로 치부되었다. 독자가 없으니 출판사도 별반 없고, 서점
도 몇 되지 않는다.

하지만 갑자기 모든 것이 변하기 시작하였다. 인도 출판시
장은 세계에서 가장 빠르게 성장하는 시장이 되었다. 경제전
망이 밝아지면서 하퍼콜린스, 랜덤하우스 같은 외국 출판사
들이 진출하였고, 큰 규모의 체인 서점이 대도시에 들어섰다.
인도 전체의 서점 수는 2천을 넘어섰다. 나라의 크기와 인구
에 비해 아직은 갈 길이 멀다. 그나마 좋은 서점은 30개를 넘
지 못한다고 한다. 대부분의 서점은 컴퓨터를 사용하지 않는
영세서점들이다.

출판과 관련한 인도의 의미있는 변화는 책축제에서도 감
지된다. 인도는 아시아권에서 가장 책축제가 활발한 나라이
다. 델리, 벵갈로르, 콜카타, 자이푸르 등지에서 문학축제가
열린다. 소설가 쿠쉬완트 싱을 기리는 축제도 명성이 높다. 대
부분 2000년대 들어 생긴 축제들이다.

그 가운데 하나를 꼽으라면 단연 자이푸르다. 자이푸르 문
학축제Jaipur Literature Festival는 2006년에 출범한 신생축제다.
그러나 인도와 아시아를 넘어 '세계 최대 규모의 무료 문학축
제'로 성장하였다.

2017년 축제는 1월 19일부터 5일간 개최되었다. 축제장을
찾은 청중은 35만 명이었다. 등록을 마쳐야 행사장에 입장할

자이푸르 문학축제에서 인터뷰 중인 드라마 〈섹스 앤드 더 시티〉의
원작작가 캔디스 부쉬넬(왼쪽).

수 있기 때문에 허수는 없다고 믿어도 좋다. 인기 작가의 강연에는 5천 명 이상이 모이는 놀라운 광경이 벌어졌다. 축제는 해마다 큰 폭으로 확장되고 있다. 20만 중반대의 청중이 모이는 헤이 축제와 에든버러 책축제에 견주어보면 얼마나 구름같이 사람들이 모여들었는지 알 수 있다. 헤이는 10여 일, 에든버러는 20일 남짓 진행되는 데 비해 자이푸르는 단 5일간 개최되기 때문이다.

문학축제의 아이디어는 인도를 현대문학의 주요한 공간으로 자리매김하고, 대중들의 글쓰기에 대한 관심을 불러일으키기 위한 것이었다. 인도는 아시아인 최초로 노벨 문학상을 수상한 타고르를 비롯해 훌륭한 문인을 많이 배출한 나라이다. 그런 전통에 걸맞지 않게 문맹률이 높은 나라이기도 하다.

엘리트 문화와 대중문화의 기묘한 혼합이 인도의 특징이다. 그러나 최근 들어 음악, 춤 같은 오락적 대중문화에 탐닉하던 대중들이 새로운 신호를 보내기 시작하였다. 무엇인가를 배우려는 욕구, 거대한 변화의 흐름에 동승하려는 갈망이 책축제 참가의 동인으로 나타난 것이다. 축제 참가자들 가운데는 단순 구경꾼들도 많다. 그들은 책축제보다는 저녁에 벌어지는 록콘서트에 더 관심이 많다. 강연회에 참석했으면서도 강연자의 책을 읽기는커녕 그가 누구인지 모르는 사람들도 많다. 그럼에도 불구하고 자이푸르의 청중들은 다른 어느 축제보다 젊고 열정적이다.

청중들은 자이푸르에서만이 아니라 델리를 비롯한 인도 각지에서 온다. 해외 관람객들도 많이 늘었다. 자이푸르 외부에서 오는 인도인들은 신흥 중산층들이다. 사람들은 문학적 관심에 머물지 않는다. 자신들이 몸담고 있는 인도 사회에 대한 긴장감 넘치는 토론을 즐긴다. 인도 사회를 짓누르는 부패, 민주주의, 성, 종교 같은 문제들이 다루어진다. 소설보다 드라마틱한 인도의 현실을 둘러싼 토론 속에서 새로운 인도가 태어나고 있다.

이 같은 역동성이 축제를 성장시킨 배경이다. 축제가 시작된 것은 2006년이었다. 자이푸르 헤리티지 국제축제의 한 부문으로 출범하였다가 2008년에 독립축제로 발전하였다. 18명의 작가가 초청된 2006년의 청중은 1백 명에 채 미치지 못하였다. 참담한 실패였다. 독립축제가 된 2008년에도 2,500명에 불과하였다. 그러던 것이 2010년에 3만 명을 돌파하고, 2012년 〈악마의 시〉를 쓴 살만 루시디 초청이 화제가 되면서 국제 미디어의 주목을 받게 되었다. 루시디의 이름이 초청자 명단에 올랐으나, 생명에 위협을 느낀 루시디는 인도 여행을 취소하였다.

자이푸르는 라자스탄 주의 사막도시다. 인도에서 가장 인구가 희박한 곳이다. 델리에서 자동차를 타고 서남쪽으로 6시간을 달려야 한다. 핑크빛 건물들이 많다고 하여 핑크 시티 Pink City라고 불린다. 자이푸르는 인도 대륙과 아시아 대륙을 잇는 문명의 교차로였다. 수많은 민족과 언어와 종교가 이곳을 넘나들었다.

자이푸르 문학축제는 국제축제로서 인도와 세계의 문학을 다룬다. 그러나 자이푸르와 인도의 역사적 특성이 반영되어 그 어느 축제보다 독특하다. 힌디 어, 우르두 어, 라자스탄 어, 마라티 어, 마니푸리 어, 텔루구 어, 타밀 어, 산스크리트 어, 펀잡 어, 팔리 어, 영어 작가를 망라하고 있는 것이다. 인도만 가지고도 국제축제라 불러 손색이 없을 지경이다.

이 같은 특성을 들어 자이푸르 문학축제의 공동 디렉터인 나미타 고칼레는 이렇게 말한다.

"자이푸르 문학축제는 세계의 경이로움의 하나가 되었다. 집합적 창의성과 개인적 이해를 위한 플랫폼인 축제는 우리 시대의 변화를 이해하기 위한 국제적 지역적 관점을 제공한다. 올해의 축제는 책, 사상과의 대화를 지속적으로 육성할 것이며, 남아시아 문학의 다양성 및 국제문학의 최고봉을 선보이는 쇼케이스이다."

자이푸르 문학축제의 프로그램은 전 세계에서 공연 및 문학축제를 운영하는 팀웍 아츠라는 곳에서 책임 맡고 있다.

2014년부터 자이푸르 문학축제는 인도 국경을 넘어 그 날개를 펼쳤다. 영국 런던에서 해마다 여름 이벤트를 개최하고, 미국 콜로라도 주 볼더에서도 이벤트를 열고 있다. 2017년에는 오스트레일리아의 멜버른 문학축제와 힘을 합쳐 자이푸르 문학축제 멜버른JLF Melbourne을 개최하였다. 인도의 문학 자산을 전 세계에 알리기 위한 노력의 일환으로 2019년에는 북아일랜드 벨파스트, 오스트레일리아 애들레이드, 미국 뉴욕과 휴스턴, 캐나다 토론토 등지를 순회하며 축제를 개최하였다.

저자 라이브 이벤트의 전통을 뿌리 내리다
에든버러 국제책축제

매년 8월이면 에든버러 시내 중심에 위치한 샬롯데 광장은
거대한 텐트 촌으로 변한다. 그리고 20일 가까이 지식 축제가
진행된다. 노벨 상 수상자 등 오늘의 지식사회를 선도하는
세계 석학과 문인들의 지식의 향연이 펼쳐지는 것이다.
에든버러 국제책축제는 아이디어가 만나서 섞임으로써
새로운 것이 태어나는 교차로이다.

*

에든버러는 축제의 도시다. 사철 축제가 끊이지 않는다. 하
나같이 세계적인 규모를 자랑한다.

에든버러가 축제의 도시로 뿌리를 내린 계기는 1947년에
개최된 에든버러 국제 페스티벌Edinburgh International Festival
이었다. 당시 유럽은 2차 세계대전의 잿더미 속에서 여전히 휘
청거리고 있었다. 소박한 발걸음이었지만 에든버러 국제 페스

티벌은 전쟁의 참화를 이겨내기 위한 화해와 부활의 몸짓이었다. 소설가 포스터는 그것은 "증오와 가난을 이겨낸 어둠 속 세상의 한줄기 빛"이었다고 썼다.

같은 해에 페스티벌에 초대 받지 못한 단체들에 의해 에든버러 페스티벌 프린지가 시작되고, 에든버러 국제영화제도 출범하였다. 해가 갈수록 축제가 늘어 지금은 20여 개 가까이 되는 축제가 에든버러의 명성을 높여주고 있다.

축제를 즐기기 위해 에든버러를 찾는 사람들의 숫자가 한 해 동안 무려 4백만 명에 이른다고 한다. 그 절반은 '세계 예술 올림픽'이라고 불리는 프린지 관객이다. 에든버러 프린지에 필적하는 축제는 전 세계 어디에도 없다.

에든버러 국제책축제Edinburgh International Book Festival는 1983년에 출범하였다. 지금의 규모와 비교하면 당시의 축제는 보이 스카우트나 걸 스카우트 캠프 수준이었다. 작가 프로그램이 진행되는 텐트는 한 곳에 지나지 않았으며, 30명의 작가가 초대되었을 뿐이다. 지금은 전 세계 50여 개국 8백여 명의 작가가 참여하는 축제로 성장하였다. 방문객은 25만 명 선에 이르렀다.

늦게 시작된데다 저자와 작가가 만나는 정적이고 소박한 형태임에도 책축제는 에든버러의 20여 개 축제 가운데 관객 동원 면에서 5위를 차지하고 있다. 1950년에 시작되어 장중한

샬롯데 광장에 마련된 에든버러 국제책축제 행사장.
휴식을 취하는 참가자들의 모습이 한가롭다.

볼거리로 관람객을 사로잡는 밀리터리 타투Edinburgh Military Tattoo와 비슷한 수준이다.

축제가 시작되던 당시는 저자와 독자가 만나는 라이브 이벤트의 전통이 아직 뿌리 내리기 전이었다. 따라서 유료 책축제는 무모할 수 있는 모험이었다. 그런데도 3만여 명의 관객이 돈을 내고 축제장을 찾았다.

매년 8월이면 에든버러 시내 중심에 위치한 샬롯데 광장은 거대한 텐트 촌으로 변한다. 한 곳에 6백여 명이 들어가는 슈피겔 텐트를 비롯해 8개의 텐트가 세워진다. 그리고 20일 가까이 지식축제가 진행된다. 노벨 상 수상자 등 오늘의 지식사회를 선도하는 세계 석학과 문인들의 지식의 향연이 펼쳐지는 것이다.

무엇이 작가와 독자들로 하여금 책축제장을 찾게 만드는 것일까? 해답은 책축제의 철학에 있다고 주최측은 자신 있게 말한다. 전 세계적인 출판시장의 불황 속에서도 영국의 책 판매량은 꾸준히 증가하고 있다. 이북의 증가와 인터넷 판매의 확대는 역설적으로 저자와 만나고 토론하는 아날로그 모임에 대한 욕구를 더 불러일으키는 것으로 확인된다. 책축제 또는 문학축제가 크게 늘어난 것이 그 증거다. 인터넷 상에 넘쳐나는 인스턴트 뉴스와 싸구려 정보에 식상한 독자들은 역사와 사회에 대해 좀 더 깊이 성찰하고 전망을 제공하는 지식인들의 생생한 목소리를 경청하고 싶어한다. 에든버러 국제책축제는 바로 이 같은 독자들의 요구에 부응하는 고품격의 프로그램을 제공하기 위해 노력한다.

또한 저자들의 일반통행 강연보다는 독자들이 주체로 참여하는 쌍방향 토론을 중시한다. 스타들뿐 아니라 신인 작가들에게 기회를 주는 데도 열심이다. 놀라운 것은 작가들의 명망도에 관계없이 프로그램에 초청된 모든 작가들에게 같은 수준의 강연료를 지불하는 점이다. 모든 작가를 동등하게 존중하는 것이 민주적이라는 믿음을 갖고 있어서다. 에든버러 국제책축제는 에든버러에서 진행되는 축제 가운데 가장 지적인 관람객이 찾고, 에든버러가 아닌 외부 관객이 많은 것으로도 정평이 높다.

지식 기반의 축제를 기조로 하면서도 끊임없이 변모하는 독자들의 요구에 맞추어 축제는 새롭고 혁신적인 방향으로 외연을 넓히고 있다. 무료 야밤 이벤트 같은 것이 그것이다. 2013년부터는 작가들의 생생한 경험을 통해 문학의 힘을 느끼게 하는 독서 워크숍을 시작하였다. 출간 준비중인 중요한 책을 미리 선보이는 프로그램도 만나볼 수 있다.

어린이와 어린이를 대동한 가족을 위한 어린이 프로그램, 그리고 축제장에 오기 어려운 사람을 위한 학교 프로그램도 진행한다. 2017년의 어린이 프로그램에는 2만여 명, 학교 프로그램에는 1만 4천여 명이 참가하였다. 백여 명의 작가들과 함께 전국을 순회하는 프로그램도 진행하였다.

에든버러는 2004년 전 세계 도시 가운데 최초로 유네스코 문학도시로 지정되었다. 더블린 같은 위대한 작가를 많이 배출한 도시에 앞서 문학도시로 지정되는 데는 에든버러 국제책축제도 한몫 하였을 것이다. 에든버러 국제책축제는 에든버러가 유네스코 문학도시의 선두에 서서 국제적 연대와 교류를 해나가는 데 꾸준한 역할을 하고 있다. 또한 전 세계 8개의 대표적인 문학축제와 워드 얼라이언스라는 네트워크를 만들었다. 서로의 축제를 더욱 혁신하고 작가 프로그램을 교류하기 위해서다.

에든버러 국제책축제는 많은 조직, 단체 들의 협력과 도움에 힘입고 있다. 에든버러 세계작가회의, 영국문화원과 제휴해 인도의 자이푸르 문학축제 등 전 세계의 주요 문학축제를 순회하는 프로그램를 개최하기도 했다.

에든버러의 축제들은 각개약진하면서도 서로 협력해 시너지를 발생시키는 점이 남다르다. 페스티벌 에든버러Festivals Edinburgh는 에든버러에서 개최되는 12개 주요 축제가 모여 결성한 협력기구이다. 공동 프로그램을 개발하고 축제도시의 지속성을 담보하기 위한 활동을 펼친다.

"에든버러 국제책축제는 아이디어가 만나서 섞임으로써 새로운 것이 태어나는 교차로이다. 특히 주목되는 점은 국제적인 명망을 지닌 작가든 소규모 독립 출판사에서 책을 낸 작가든, 스코틀랜드 작가든 다른 외국 작가든, 서로의 생각과 작품을 보여줄 수 있는 민주적인 광장이 제공되는 점이다."

작가 앤터니 카트라이트의 말이다.

시인의 고향마을을 시의 나라로
레드버리 시축제

레드버리 시축제는 규모는 작지만 알토란 같은 내용을 담고
있다. 앤드류 모턴이 최고의 축제라고 말한 것은 진정성을
내포한 축제 프로그램에 대한 찬사였을 것이다. 열흘간
개최되는 레드버리 시축제에는 전 세계에서 시인들이 초청된다.
시축제로는 영국에서 제일 큰 규모를 자랑한다.

＊

"레드버리 시축제는 영국 최고의 축제다."

1999년부터 10년간 영국의 계관시인 지위에 있었던 앤드
류 모턴Andrew Morton의 말이라고 한다. 모턴이 그같이 표현한
것은 틀림없을 것이다. 레드버리 시축제Ledbury Poetry Festival
사이트에 인용문으로 올라 있으니 말이다. 하지만 레드버리에
들렀던 필자의 경험에 비추어보면, 축제에 초청 받은 모턴이 주

최측을 격려하기 위해 다소 과장법을 사용한 것으로 이해된다.

물론 그의 진심일 수도 있다. 지나치게 크고 화려한 것만 좇는 세태에 대한 풍자를 곁들인. 더구나 그는 시인이지 않은가? 작은 도시에서 개최하는 시축제에 남다른 애정을 가졌을 것이다.

2011년의 일이다. 헤이온와이 방문계획을 세우고 있던 참에 레드버리라는 도시에 대해 듣게 되었다. 아주 유니크한 시축제가 열린다는 것이다. 그래서 헤이온와이 가는 길에 레드버리에서 점심을 먹는 것으로 일정을 짰다.

레드버리는 오랜 역사를 지닌 시장마을이다. 그래서 물산이 풍부하고 영국답지 않게 음식문화가 발달하였다. 지역 특산 사과로 빚은 사과주도 유명하다. 역시 레드버리의 음식은 우리의 기대를 저버리지 않았다. 당시 칠팔일간의 영국 여행 중 가장 맛있는 식사였다.

레드버리 시축제는 7월에 열린다. 5월 말에 개최되는 헤이축제에 들르기 위해 나선 여행이라서 레드버리 시축제를 직접 볼 수는 없었다. 그러나 우연히도 축제 사무국을 방문할 수 있었다.

레드버리의 명물이라는 교회 골목을 둘러보던 중이었다. 17세기 초에 지어진 성 미카엘 교회로 올라가는 좁은 골목이었다. 몇 채의 오래된 문화재급 목조건물 사이에서 페스티벌 사무국 간판을 발견하였다. 작은 도시의 축제 사무국이 어떤 모습일지 궁금하였다. 낡은 계단을 올라 사무국의 문을 두드렸다.

사무실에는 세 사람이 일하고 있었다. 모두 자원봉사자였다. 재정 형편이 넉넉지 못해 자원활동가들이 중심이 되어 축제를 이끌기 때문이다. 레드버리 시축제 사무국은 자선단체의 성격이었다. 기부를 받아 예산을 충당하고, 대부분의 인력도 무보수 자원활동가로 꾸려가는 것이다. 하지만 그 뒤 축제 사이트를 방문해 보니 유급 축제 관리자를 공개모집 중이었다. 축제 전문가와 자원활동가 조직이 유기적으로 결합하는 형태로 축제가 운영된다고 보아야 할 것이다.

헤이온와이를 가는 중이라고 하였더니, 가까운 곳에서 헤이온와이처럼 '큰 축제'가 열리는 까닭에 자신들의 축제는 주목도가 떨어지고, 관객도 빼앗길 수밖에 없다며 안타까움을 드러내었다. 그렇지만 자부심은 대단하였다.

레드버리 시축제는 규모는 작지만 알토란 같은 내용을 담고 있다. 앤드류 모턴이 최고의 축제라고 말한 것은 진정성을 내포한 축제 프로그램에 대한 찬사였을 것이다.

레드버리는 잉글랜드 서부 웨스트 미들랜드 지역에 위치한 인구 1만 명의 작은 도시다. 오랜 역사도시로서 농업과 관광이 주수입원이다. 최근에는 시축제와 대안적 성격의 음악무

레드버리의 역사를 간직한 처치 스트리트.
이곳에서 레드버리 시축제 사무국을 만났다.

용축제Big Chill 같은 이벤트들이 개최되고 있다. 레드버리 시축제는 1996년에 돛을 올렸다.

레드버리가 시축제를 개최하게 된 데는 존 메이스필드, 엘리자베스 브라우닝 같은 시인의 영향이 컸다. 계관시인 존 메이스필드는 레드버리가 고향이다. 그의 이름을 딴 고등학교가 있을 만큼 지역민들의 사랑을 받고 있다. 엘리자베스 브라우닝은 영국을 대표하는 여류시인으로 어린 시절을 레드버리에서 보냈다. 이 같은 시적 자산이 오늘의 레드버리 시축제로 이어지고 있는 것이다.

열흘간 개최되는 레드버리 시축제에는 전 세계에서 시인들이 초청된다. 시축제로는 영국에서 제일 큰 규모를 자랑한다. 시 낭송회, 퍼포먼스, 시창작 워크숍, 토론회 같은 시 관련 프로그램이 중심이다. 음악회를 비롯한 다양한 라이브 무대와 전시, 영화 상영, 거리 이벤트 등도 곁들여진다. 가족 단위의 프로그램도 빼놓을 수 없다.

눈에 띄는 프로그램 가운데는 시 공모전이 있다. 웨일스 국립작가센터와 협력해 새로운 시인를 발굴하는 프로그램이다. 성인, 청소년, 어린이의 세 영역으로 나누어 수상자를 선정하는데, 전 세계에서 공모작이 날아든다고 한다. 수상자에게는 다음 해의 축제에서 자신의 시를 낭송할 수 있는 기회를 준다. 성인 부문 장원은 웨일스 국립작가센터 입소 기회를 갖는다. 상금은 많지 않다.

영국의 유력 책축제들은 정부나 지방자치단체의 큰 재정 지원 없이도 수지 균형을 맞춰가고 있다. 레드버리처럼 작은 축제들은 그게 쉬운 일이 아니다. 그래서 예산을 마련하기 위해 많은 노력을 기울인다. 영국예술위원회, 시정부뿐 아니라 지역의 다양한 기관 단체로부터 후원금을 모금한다. '축제 친구들'이란 재미있는 방법도 사용하고 있다. 개인의 기부를 활성화하고, 관객을 개발하는 수단이다. '축제 친구들'은 연회비를 낸다. 개인 회원이냐 가족 회원이냐에 따라 회비가 다르다. 평생 회원제도 있다. 회원만을 위한 특별행사를 개최하고, 개막식이나 시인과의 만찬에 초청하는 등 다양한 혜택을 준다.

이매진 더 월드
헤이 축제

헤이 축제에는 개막식이 없다. 개막일 아침부터 대뜸 프로그램이
시작된다. 하루에 오륙십 개씩 해서 모두 7백여 개의 프로그램이
진행된다. 밤 10시가 넘어 시작하는 프로그램도 있다. 헤이
축제에는 흔히 다른 축제에서 보는 왁자함이 없다. 축제란
모름지기 재미 있어야 한다고 강변하는 사람도 없다.

＊

해외 수출에 기여한 공로로 상을 받은 축제, 축제 노하우를
전수해 해외에서만 수십억 원을 벌어들이는 축제, 자신뿐 아니
라 후원사들에게도 예술 기업상을 안겨준 축제. 헤이 축제Hay
Festival 이야기다.

'영어 사용 세계에서 가장 명망 높은 축제'라는 《뉴욕 타
임스》의 찬사도 이제는 진부하게 느껴질 정도다. 축제가 열리
는 5월이면 세계 각지에서 저명한 문인들과 수십만 명의 독자

들이 헤이온와이로 모여든다. 헤이 축제는 전 세계에서 가장 알찬 문학축제이자 규모 면에서도 가장 크다.

"나이는 물론 관심과 취향, 배경에 관계없이 즐길 수 있는 고품격의 이벤트가 넘쳐난다. 헤이 축제의 문제는 그 모든 것을 다 볼 수 없다는 것이다."

주최측의 말대로 열하루 동안 아침부터 밤까지 동시다발로, 그리고 꼬리에 꼬리를 물고 이어지는 수백 개의 행사를 뉘라서 다 볼 수 있겠는가?

축제장에 가보면 그 많은 사람들이 다 어디에서 왔을까 궁금증부터 인다. 대도시나 하다 못해 지방 중소도시도 아니고, 변변한 대중교통 편도 없는 벽촌 아닌가. 축제에 참가하기 위해서는 서너 시간씩 차를 몰고 가야 한다.

역설적으로 그런 불편함이 성공의 비결이었다면 비약일까? 헤이온와이를 찾는 사람들은 진지한 독자일 수밖에 없다. 작은 동네이다 보니 묵을 곳도 마땅치 않다. 그래서 1시간 남짓 떨어진 인근 도시에 숙소를 잡고, 며칠씩 출퇴근하듯 축제를 즐기는 사람들이 많다. 그러니 어찌 진지하지 않을 수 있으랴. 축제장에서 만나 부부의 인연을 맺은 사람들도 제법 된다던가.

헤이온와이는 잉글랜드와 웨일스의 경계에 위치한 산골마

을이다. 19세기까지만 해도 성업을 구가하던 작은 도시였지만, 근대화의 물결에서 밀리면서 쇠락한 동네로 변했다. 헤이온와이가 다시 세인의 주목을 받기 시작한 것은 책마을이 되면서였다.

리처드 부스Richard Booth라는 괴짜 청년이 마을에 들어와 소방서 건물에 서점을 차렸다. 1962년의 일이다. 서적상들이 따라 들어와 하나둘 서점을 차리면서 책마을의 규모가 갖추어졌다.

"새책은 저자가 결정하고, 헌책은 독자가 결정합니다. 그래서 헌책이 더 민주적이고, 가치가 높지요."

리처드 부스에게서 직접 들은 그의 헌책 예찬론이다. 그런 철학과 열정이 있었기에 정신나간 사람이라는 소리를 들어가면서도 헤이온와이를 세계 최초의 책마을로 만들어내고, 헤이온와이를 본딴 책마을이 전 세계 도처에 만들어지는 발판을 놓을 수 있었을 것이다.

헤이온와이에는 현재 30여 곳의 서점이 둥지를 틀고 있다. 서점들은 특정분야의 책만 취급하는 전문성을 바탕으로 자신의 경쟁력을 높이고 있다. 영미문학, 추리소설, 시, 원예, 영화, 아동, 일러스트 등 어느 한두 분야에 집중하는 방식이다.

2011년 헤이 축제 첫날에 열린 헤이 피버 프로그램의 하나.

책마을이 유명세를 타면서 차츰 관광객이 늘어났다. 마침내 웨일스에서 가장 유명한 관광지로 자리 잡았다.

자연스럽게 책축제가 시작되었다. 1988년 봄의 일이다. 첫걸음은 소박했다. 마을 안의 주차장과 초등학교, 그리고 펍 같은 실내 공간이 축제장이었다. 첫해에는 모두 22개의 행사가 열렸다. 용케도 많은 사람이 찾아주었다. 차츰 축제의 규모가 커졌다. 2005년부터는 마을 외곽에 큰 규모의 축제장을 별도로 조성하였다. 수십 동의 텐트가 세워진 행사장 면적만 1만 평이 넘을 것 같아 보였다. 좌석을 계단식으로 만든 큰 텐트는 1천 명 이상을 수용할 수 있다. 인근의 넓은 초원은 주차장으로 사용한다.

헤이 축제에는 개막식이 없다. 개막일 아침부터 대뜸 프로그램이 시작된다. 하루에 오륙십 개씩 해서 모두 7백여 개의 프로그램이 진행된다. 밤 10시가 넘어 시작하는 프로그램도 있다.

헤이 축제에는 흔히 다른 축제에서 보는 왁자함이 없다. 축제란 모름지기 재미 있어야 한다고 강변하는 사람도 없다. 책축제임에도 행사장에서 책을 팔기 위해 안달하지 않는다. 옥스팜이라는 자선단체에서 운영하는 단 하나의 서점만 운영한다.

"모든 아이디어는 어디에선가 시작됩니다. 헤이 축제에서 최신의 아이디어를 따라 잡으십시오."

헤이 축제가 가장 강조하는 것은 아이디어다. 책과 토론을 통해 최신 지식사회의 흐름이 어디로 흘러가는지 직접 느끼고, 창의적인 아이디어를 얻으라는 의미다.

프로그램의 대부분은 저자와 독자가 만나는 행사다. 저자는 독자를 만나기 위해, 독자는 저자를 만나기 위해 먼 길을 마다 하지 않는다. 사람들은 책 문화를 즐기기 위해 헤이 축제를 찾는다. 그리고 기꺼이 자신이 얻은 지식과 아이디어에 상응하는 값을 치른다. 대부분의 강연, 대담, 저자와의 대화 같은 프로그램 하나하나의 입장료가 우리 돈 만 원 정도 된다. 그런 까닭에 정부의 지원 없이도 페스티벌이 자생할 수 있는 것이다.

행사장 뒤편에는 어김없이 텔레비전 카메라가 설치되어 있다. BBC, 스카이 아츠 같은 방송사들이 프로그램을 찍어 전 세계에 전파를 띄워 보낸다. 헤이 축제의 글로벌 방송 파트너인 BBC는 2017년에만 25개의 방송 프로그램 속에 축제를 담아냈다. 한동안 헤이 축제의 타이틀 스폰서는 《가디언》《텔레그래프》 같은 언론기관이었다.

헤이 피버Hay Fever는 어린이를 위한 축제 속의 축제다. 어린이들에게 맞는 책 문화와 예술적 영감을 제공하기 위해 공들여 준비한다. 축제에 오지 못하는 학생들을 찾아가 문학 이벤트를 개최하는 프로그램도 비중있게 진행한다.

헤이 축제는 사람들이 헤이온와이를 찾는 또 하나의 이유가 되었다. 축제의 성공은 책마을의 가치를 더욱 높이고, 지속 가능한 발전을 보장해 주고 있다.

실낙원에 피어난 문화의 꽃
마이애미 국제책축제

이제 마이애미는 휴양도시로 첫손 꼽히는 도시 가운데 하나가
되었다. 그렇게 된 데는 아름다운 해변과 태양만이 기여한 게
아니다. 마이애미 국제책축제의 성공은 마이애미의 문화 지평을
넓혀주었다. 문화와 예술이 마이애미에서 살아남을 수 있다는
확신을 심어준 것이다.

*

플로리다 주 남쪽 끝에 자리한 마이애미는 미국에서는
이질적인 도시에 속한다. 인구의 70% 가까이가 히스패닉이
다. 1980년대 중반까지만 해도 마이애미의 미래는 암울해
보였다. 보트 피플 난민들이 거리를 배회하고, 폭동의 여진
이 시민들의 일상을 무겁게 내리눌렀다. 《타임》지는 마이애
미의 어두운 현실을 '실락원'이라고 보도하였다. 그 속에서
자신의 문화적 장점을 살려 마이애미의 역사를 바꾸려는

쿠바 출신 미국 작가 데이비드 르 바타드의 퍼포먼스.

작은 움직임이 싹텄다.

"마이애미는 다양성이 특출난 도시입니다. 우리는 책축제가 모든 마이애미 시민을 위한 것이자 사람들이 편안함을 느낄 수 있는 거대한 텐트가 되기를 바랍니다."

마이애미 국제책축제Miami Book Fair International의 공동 설립자의 한 사람인 미첼 카플란Mitchell Kaplan의 말이다. 책으로 도시의 미래와 시민의 삶을 바꾸겠다니 치기어린 기개가 놀랍다.

사실 마이애미 국제책축제는 마이애미에 둥지를 틀고 있는 마이애미 데이드 칼리지에 의해 탄생하였다고 할 수 있다. 시내 중심가에 캠퍼스를 가지고 있던 데이드 칼리지는 마이애미의 이미지를 바꿀 색다른 이벤트를 원했다. 이 같은 생각을 갖고 있던 데이드 칼리지의 에두아르도 페이드론 학장과 소규모 책 이벤트를 개최한 경험이 있던 서적상 카플란이 의기투합해 지역 서적상들을 끌어들였다.

1984년에 이틀 동안의 거리 책축제가 열렸다. 해를 거듭하면서 책축제는 규모가 커지고, 마침내 아메리카 대륙에서 가장 명망 있는 책축제로 발전하였다. 지금은 미국 내 모든 책축제의 모델이 되어 있다. 1996년에 시작된 로스앤젤레스 타임스 책축제를 비롯한 많은 축제들이 마이애미 책축제의 형식을 따르고 있다.

미국에서 열리는 책축제들은 축제 기간이 짧고 부스를 차려 책을 판매하는 형태가 일반적이다. 저자 초청 강연과 토론을 중심으로 하면서 책 판매는 초청작가의 사인회 등을 위해 제한적으로 운영하는 영국의 책축제와는 제법 차이가 있다. 마이애미 국제책축제 역시 서적상들이 중요한 역할을 하고, 책 판매 부스가 차려지는 점은 여느 미국 책축제와 다를 바 없다. 그러나 8일이라는 긴 기간 동안 5백여 명의 작가를 초청해 지식 토론 위주의 프로그램을 진행하는 점에서는 미국 내 다른 책축제들과 차별성이 분명하다.

그렇게 되는 데는 마이애미 데이드 칼리지의 역할이 컸다. 세계의 책축제 가운데 대학이 축제를 주최하는 경우는 매우 이례적이다. 데이드 칼리지는 남플로리다 지역의 예술, 디자인, 영화, 문학의 발전에 큰 관심을 갖고 다양한 역할을 해왔다. 2001년에는 플로리다 문학 센터를 설립하였다. 플로리다 문학 센터는 마이애미 국제책축제의 모기관이 되어, 책축제 조직을 인적 물적으로 지원하고 있다.

축제가 시작된 1984년은 전 세계에 책축제가 아직 몇 되지 않던 시기다. 이때부터 축제 주최측은 다른 양식의 문학을 아우르면서 커뮤니티를 구축하는 목표를 정했다. 그것이 다인종

사회를 기반으로 하는 지역사회의 정체성에 맞기 때문이었다. 그래서 축제 속의 축제처럼 스페인 어 프로그램이 병행되는가 하면, 중남미와 카리브 해 나라의 작가들이 즐겨 초청된다. 마이애미가 차츰 미국 내 스페인 문학의 중심지로 부상함에 따라, 중남미 스페인 어 작가들 또한 마이애미 축제에 더 높은 관심을 기울이게 되었다.

주최측은 축제의 아름다움과 성공이 작가에게 달려 있음을 잘 알고 있었다. 그리하여 엄정한 선정 원칙에 따라 문학성이 뛰어나고 독자의 사랑을 받는 저자를 초빙하기 위해 노력하였다. 미국 작가들이 중심이지만, 국제책축제에 걸맞게 전세계의 작가들이 초청된다. 2000년의 멕시코를 필두로 중국, 콜럼비아, 스페인 등이 주빈국으로 지정되어 해당 국가의 작가들이 대거 방문하기도 한다. 바르가스 요사, 알렌 긴즈버그, 이사벨 아옌데, 존 업다이크, 칼 세이건 등 숱한 작가와 저술가들이 책축제 초청자 명단에 올라 있다.

'작가의 밤'은 세계적 명성을 지닌 작가들이 매일 저녁 주빈이 되는 프로그램이다. 이 행사는 유료로 진행된다. 식장에 입장하기 위해서는 1인당 15달러 안팎의 참가비를 내야 한다.

축제가 진행되는 동안 수십만에 이르는 책 애호가들이 축제장을 찾는다. 독자들은 크게 두 가지 종류의 행사를 즐긴다. 첫째는 작가와의 만남이다. 작가 강연회, 낭독회, 사인회 등에 참가해 작가의 이야기를 직접 듣는다. 둘째는 거리 책축제에 참가하거나 어린이 대상 이벤트 등 체험 프로그램에 참가하는 것이다.

사흘 동안 진행되는 거리 책축제에는 수백 명의 서적상 등이 부스를 차리고 손님을 맞는다. 대형 출판사에서부터 독립 출판사, 외국 출판사까지 다양하고, 작가의 사인이 들어간 초판본이나 작가 육필 원고 또는 소장가치가 높은 희귀본을 취급하는 고서상들도 있다. 시내 중심부 일부의 차량 통행이 제한될 만큼 사람들로 붐빈다.

어린이들을 위한 독립 공간Children's Alley도 마련된다. 스토리텔링, 연극 상연, 교육 게임 등의 프로그램이 진행된다. 학교 프로그램Generation Genius에는 수천 명의 학생들이 참가한다.

마이애미 국제책축제가 국제적인 책축제로 성장하는 데는 주최측뿐 아니라 파트너로 함께하는 마이애미 지역의 숱한 문화단체와 학교의 지원, 그리고 후원사들의 도움이 있었다. 《마이애미 헤럴드》《뉴욕 타임스》 같은 신문과 방송사들은 미디어 후원을 맡고 있다.

이제 마이애미는 휴양도시로서 첫손에 꼽히는 도시 가운데 하나가 되었다. 그렇게 된 데는 아름다운 해변과 태양만이 기여한 게 아니다. 마이애미 국제책축제의 성공은 마이애미의 문화 지평을 넓혀주었다. 문화와 예술이 마이애미에서 살아남을 수 있다는 확신을 심어준 것이다. 마이애미 시립 발레단이 설립되고, 뉴월드 심포니 오케스트라가 뒤를 이었다. 2002년 부터는 세계적 명성을 지닌 바젤 아트 페어가 마이애미에서 열리고 있다.

활자문화 신도의 순례지
간다 고서축제

간다 고서축제는 책판매축제로는 세계 최대다.

열흘간 계속되는 축제 때가 되면 일본 전역에서 책 사냥꾼들이
모여든다. 해외에서 찾아오는 사람도 적지 않다. 서점 주인들은
낡은 책의 표지를 닦고 먼지를 털면서 '헌책'의 새로운 가치를
찾아낸다. 세계 유수의 진보초를 만드는 것은 고서, 고서점,
그리고 책 사냥꾼들이다.

*

도쿄의 가을은 책의 향기로 빛난다. 간다 진보초 역 주변
을 가득 채우고 있는 책 때문이다. 인도를 따라 길게 이어진 책
수레에도, 처마를 맞대고 서로 이웃해 있는 서점 안에도 책이
넘친다.

진보초는 세계에서 가장 큰 책의 거리다. 특이하게도 대부
분이 고서점이다. 그 수효가 180여 곳에 이른다고 한다. 사철

문을 여는 서점이건만, 해마다 10월 말이면 거리에 아연 생기가 돈다. 간다 고서축제神田古本祭り 덕분이다.

간다 고서축제는 책을 판매하는 축제로는 세계 최대 규모를 자랑한다. 1960년에 첫 축제가 시작되었으니 어느덧 환갑을 맞이한 셈이다.

열흘간 계속되는 축제 때가 되면 일본 전역에서 책 사냥꾼들이 모여든다. 도쿄와 인근 수도권 지역뿐 아니라 규슈에서도, 홋카이도에서도 활자문화 신도가 성지순례라도 하듯이 찾아온다. 해외에서 찾아오는 사람도 적지 않다.

그 이유는 무엇일까? 무엇보다 원하는 책을 구할 수 있기 때문이다. 진보초가 고서 유통의 중심지이다 보니, 매일처럼 산더미 같은 양의 책이 이곳으로 모여든다. 자연스레 희귀본을 구하거나 저렴한 읽을거리를 찾는 사람들이 찾아오기 마련이다. 진보초의 매력은 우리 돈으로 천 원 안팎의 싼 책부터 수십만 원에 이르는 고서까지 선택폭이 다양하다는 것이다. 아무리 디지털 시대요 온라인 서점의 정보망이 잘 갖추어져 있다 하더라도, 자신의 발품과 눈썰미로 필요한 책을 찾아내는 데 고서 사냥의 묘미가 있는 것이다. 진보초 고서점에 쌓여 있는 서적의 종류는 온라인 고서점에 올라 있는 책의 20배에 이른다고 한다.

서점 주인들은 낡은 책의 표지를 닦고 먼지를 털면서 '헌

매년 10월이면 동경 진보초 역 주변은 큰길가며 골목이며
온통 책의 세계로 변한다.

책'의 새로운 가치를 찾아낸다. 그렇게 한 해 동안 준비해 기획력이 돋보이는 특별 상품을 축제 때 내놓는다. 더러는 축제 기간 열흘 동안 1년 매상의 30~40퍼센트를 올린다고 한다. 세계 유수의 진보초를 만드는 것은 바로 고서, 고서점, 그리고 책 사냥꾼들인 것이다.

간다 고서축제는 철저히 판매에 특화된 축제다. 따라서 지식축제로서 프로그램의 다양성을 추구하는 다른 책축제들과는 성격이 판이하다. 하나하나의 고서점들이 정성 들여 준비하고 각 매장에 진열해 놓은 책들이 가장 중요한 전시요, 콘텐츠인 셈이다.

주최측에서 준비한 몇몇 기획 전시며 강연, 그리고 공연에는 그다지 눈길이 가지 않았다. 전시 행사는 주로 특정 주제의 고서 또는 예술서적 전시가 주를 이루는데, 도쿄 고서회관에서 주로 열린다. 약방의 감초처럼 개최되는 행사는 고서 자선 경매와 종이를 이용한 체험 프로그램 같은 것들이다. 작가를 초청해 개최하는 강연은 도쿄 고서회관이나 이와나미북센터, 가도카와쇼텐, 어린이 프로그램은 쇼각칸이나 슈에이샤 같은 출판사 공간에서 진행된다.

간다 고서축제 시기에 맞춰 진보초 일대에 둥지를 틀고 있는 출판사들이 참여하는 '진보초 책축제'가 열린다. 2019년에 29회째를 맞이하는데, 사흘 동안 진보초 역의 뒷골목인 스즈

란도리에 간이 수레를 설치해 신간서적을 판매한다. 얼핏 생각하면 새책과 헌책은 서로 이해가 갈리는 까닭에 함께하기 어려울 것만 같다. 하지만 두 축제는 30년 가까이 공존해 오고 있으며, 두 축제의 협업에 의해 축제의 시너지가 발생하는 것으로 평가된다.

일본은 십 몇 년째 출판 불황을 겪고 있다. 고서업계는 신간서적에 비해 불황의 영향이 적은 편이지만, 진보초 고서점가 역시 침체의 그늘을 피해갈 수는 없었다. 고서와 신간서적의 협업에 의해 축제의 무게와 외연이 확장되고, 지역에 활기가 살아났다. 출판사들은 저자 강연회, 낭독회, 공개방송, 공연 등의 프로그램을 통해 전체 축제의 프로그램을 다양화하는 데 기여하고 있다.

현재 진보초에는 고서점 외에도 신간서점이 30여 곳에 이르며, 출판사를 비롯한 출판 관련사가 4백여 곳을 헤아린다. 인접 지역까지 범위를 조금 더 넓히면 출판 관련사의 수가 그 두 배에 이른다고 한다. 진보초라고 하는 곳이 거대한 출판 콤비나트를 형성하고 있는 것이며, 생래적으로 출판사와 고서점, 신간서점의 협업이 불가피한 것이다.

이곳의 대표적인 신간서점인 산세이도三省堂는 1881년에 고서점으로 그 역사가 시작되었으며, 일본 지식계를 쥐락펴락해 온 출판사 이와나미쇼텐 역시 고서점으로 출발하였다.

진보초는 1921년경에 이미 오늘의 서점가 모습이 거의 형성되었다고 한다. 그보다 십여 년 앞선 20세기 초입의 서점 수도 백 개를 넘어선 것으로 이야기된다. 그렇게 된 데는 메이지 유신 이후 이 지역에 도쿄 대학의 전신인 도쿄 가이세開成 학교를 비롯해 메이지 대학, 주오 대학, 니혼 대학의 전신인 각종 학교들이 연이어 설립되었기 때문이다. 메이지 시대 이래의 교육 시스템의 발전과 더불어 성장한 것이다. 동경대지진과 일본의 2차 세계대전 패배는 역설적으로 진보초 고서점가에는 기회였다. 출판사들이 새책을 찍어낼 수 없었기 때문이다.

진보초의 서점은 대부분 오랜 역사를 자랑하고 특화된 전문 영역을 가지고 있다. 간다 고서점가에 비견할 서점거리는 세계 어디에도 존재하지 않는다. 영국 런던의 채링크로스 로드, 부산의 보수동 책방골목 같은 곳이 있기는 하지만, 규모면에서 상대가 되지 않는다.

진보초는 2001년 일본 환경성에 의해 '향기로운 풍경 100선' 가운데 하나로 뽑혔다. 멋진 분위기의 레스토랑과 유서 깊은 카페들이 고서점을 찾는 탐방객들을 즐겁게 해준다. 진보초는 커리와 커피가 특히 유명하다.

벚꽃이 피는 3월 말에는 진보초에서 '봄 고서축제'가 열리며, 일본 각지에서 작은 규모의 고서축제가 연중 개최된다.

출판만화인들의 성지

앙굴렘 국제만화축제

앙굴렘 국제만화축제는 앙굴렘 시에 큰 축복이었다. 축제가
모든 것을 바꾸어놓았다. 만화, 영상 산업이 앙굴렘의 주류
산업으로 등장하고, 앙굴렘이 만화의 영역에서 최고라는
자부심이 시민 사이에 자라났다. 자연히 도시 경제가 살아났다.
맨땅에서 첨단 문화산업의 중심으로 자라난 앙굴렘의 신화는
여전히 현재진행형이다.

*

열대나 아열대 지방이 아닌 담에야 겨울은 어디라 할것없
이 스산하다. 우리네의 혹한과는 다르다 하더라도 프랑스의 겨
울도 다르지 않다. 두터운 외투에 배낭을 지거나 캐리어를 끌
며 사람들이 끝도 없이 지방의 소도시로 모여든다. 인구 4만이
갓 넘는 도시에 20만 명이 넘는 외부 사람이 모여드는 것이다.

시내로 들어서면 온통 만화 일색이다. 거리 곳곳에서 전 세

계의 만화 캐릭터들이 누가 더 인기 있는지 경쟁중이다. 건물 외벽은 물론 쓰레기통이며 우편함, 다리 교각까지 만화 그림으로 치장하고 있다. 상점들의 장식에 만화가 사용되고, 만화 속 주인공 코스프레를 한 사람들이 거리를 몰려다닌다. 전시 전단지를 나눠주며 퍼포먼스를 벌이는 팀들도 부지기수다.

프랑스 중서부에 위치한 앙굴렘의 1월 말 한겨울의 모습이다. 만화와는 아무런 인연도 없던 이 도시는 어떻게 전 세계 출판만화인들의 성지가 되었을까? 어쩌면 아무 것도 없었기 때문일지 모른다. 도시를 먹여 살릴 산업도, 관광객을 끌어모을 변변한 유적 하나 없었다.

결국은 사람이다. 그리고 발상의 전환이다. 프랑시스 그루 Francis Groux라는 돈키호테 같은 사람의 뚝심이 있었기에 가능했다. 그가 주동이 되어 1972년에 '천만 개의 영상'이라는 이름의 만화 전시회가 개최되었다. 의외의 성공에 힘입어 1974년부터 국제만화축제 Festival International de la bande dessinée Angoulême가 시작되었다. 시와 시민들이 발 벗고 밀어주었기 때문이다. 그들은 불시에 찾아온 기회를 기민하게 포착해 냄으로써 떠오르는 만화산업의 입지를 선점할 수 있었다. 축제 시기를 한겨울로 정한 것도 사고의 유연함 때문이었을 것이다. 흔히들 봄, 가을 날씨 좋은 때를 택하지, 겨울과 아무 관계도 없는 축제를 누가 한겨울에 개최하겠는가. 한겨울

많은 건물의 외벽이 만화로 장식되어 있는 앙굴렘 시가지.

이라는 조건마저 축제의 비수기라는 이점으로 작용하였다.

축제는 만화산업 종사자들과 대중의 호응에 힘입어 성장을 거듭하였다. 수십만의 방문객 가운데 만화 관계자만도 6, 7천 명에 이르고, 천여 명 가까운 기자들이 앙굴렘을 찾는다. 1990년부터는 만화 출판권을 거래하는 저작권 시장이 추가되었다. 유명 작가들이 초대되어 유명세가 높아졌을 뿐 아니라, 떠오르는 작가들의 등용문 구실을 톡톡히 하게 되었다.

앙굴렘 국제문화축제는 도시 전체가 축제 공간이다. 성당이나 시청 같은 곳이 전시장으로 활용되고, 자투리땅 곳곳에 대형 천막이 설치된다. 골목은 물론 더러 개별 주택의 안마당까지 축제장으로 바뀐다. 시민들은 기꺼이 불편함을 감수하고, 관람객들은 이런 틀에 박히지 않은 자유스러움을 즐긴다. 그래서 1일권 혹은 3일권 패스를 구입해 시내를 돌아다니며 축제다움을 맛보는 것이다.

앙굴렘의 성공에 자극 받은 시 정부와 중앙 정부는 앙굴렘을 유럽 시각 문화의 중심으로 만드는 인프라 확충 작업에 나섰다. 1984년에 국립만화영상센터 건립계획이 발표되고, 1990년 센터가 문을 열었다. 센터는 디지털 이미지 센터, 만화 도서관, 만화 박물관, 시네마 시티, 서점, 작가 레지던시 공간으로 구성된 거대한 복합문화시설이다. 이곳에 가면 세계 각국의 만화, 영상, 그래픽 작품을 만날 수 있고, 제작 도구와 만화 제작의 전 과정을 살펴볼 수 있다. 또한 전문인력을 양성하기 위해 유럽 고등 이미지 학교를 설립하였다. 앙굴렘을 국제 만화도시로 더욱 성장시킬 토대가 탄탄히 마련된 것이다.

앙굴렘 국제만화축제 프로그램의 핵심은 만화가들의 작품을 보여주는 전시다. 해마다 다른 주제의 대형 전시가 준비된다. 축제의 특징 가운데 하나는 다양한 시상 제도가 운영되는 점이다. 그랑프리 상을 수상한 작가에게는 다음해 개인전 개최 기회를 준다. 주빈국 작가들의 작품을 소개하는 전시도 마련된다. 우리 나라는 2003년과 2013년 두 번 주빈국으로 초대되었으며, 2014년 위안부 만화 특별전 '지지 않는 꽃'이 특별 전시되기도 했다. 작가 앙꼬의 만화 〈나쁜 친구〉는 '새로운 발견상'을 받았는데 우리 나라 작가 가운데 상을 받기는 처음이었다.

만화와 영상, 만화와 음악 등이 만나는 실험적인 프로그램도 찾아볼 수 있다. 만화 애니메이션 상영, 컨퍼런스, 심포지엄, 강연회, 데생 콘서트, 만화 배틀, 작가 사인회도 끝없이 이어진다.

또한 출판사와 에이전시들이 신간을 선보이고 저작권을 판매하는 부스도 설치된다. 출판사 부스는 거대한 임시천막 안에 만들어진다. 관람객들은 출판사 부스에서 자신이 원하는 신간 만화를 구매할 수 있다.

축제 주최측은 관객과 함께하는 축제를 만들기 위해 노력하며, 관람객들도 '상상할 수 있는 모든 만화의 세계'를 만끽한다.

앙굴렘 국제문화축제는 앙굴렘 시에 큰 축복이었다. 축제가 모든 것을 바꾸어놓았다. 만화, 영상 산업이 앙굴렘의 주류 산업으로 등장하고, 앙굴렘이 만화의 영역에서 최고라는 자부심이 시민 사이에 자라났다. 자연히 도시 경제가 살아났다. 맨땅에서 첨단 문화산업의 중심으로 자라난 앙굴렘의 신화는 여전히 현재진행형이다.

작가 부스가 중심을 이루다

생루이 책축제

생루이 책축제는 1984년에 발걸음을 내디뎠다. 책축제가 많은
유럽에서도 굉장히 이른 편에 속한다. 처음에는 이 지역
특산품인 아스파라거스 축제에 곁들여 시작되었다. 전혀
어울릴 것 같지 않은 농산물과 책의 이색적인 만남이라 할 수
있다. 지금은 알사스 지방에서 가장 풍성한 문학 행사로
성장하였다.

＊

생루이 책축제Le Forum du Livre de Saint-Louis는 독특하다.
가장 중심이 되는 것은 작가들이다. 3백여 명의 작가들이 넓
은 전시장의 대부분을 차지한다.

"여차하면 축구라도 한판 벌일 만한 큰 천막 건물이 있고,
수백 개의 탁자 위에 수없이 많은 책이 진열되어 있다. 그것이

작가 중심의 독특한 성격을 만들어가고 있는 생루이 책축제에
참가중인 아메리카 인디언 출신의 작가 셔먼 알렉시.

전부다. 딱 한 가지 특이한 점이 있다면 다른 도서전에는 책만 진열되어 있는데 반하여 생루이 도서전에는 책이 진열된 탁자 뒤에 그 책의 저자들이 앉아 있다는 것이다. 뭐랄까, 3백 명이나 되는 작가들이 자신의 책을 쌓아놓고 앉아 있는 모습은 나에게 장관이라면 장관이었고 충격이라면 충격이었다고나 할까.

생루이 도서전에 앉아 있는 작가들은 우리가 상상하는 작가들처럼 근엄하게 앉아 있지 않는다. 작가들은 마치 전자제품 매장의 판촉사원들처럼 자신의 책을 손수 진열하고, 책 위의 먼지를 닦아내고, 비뚤어진 팸플릿을 바로 세운다. 독자들이 다가오면 자신의 책을 손에 들고서 일일이 책장을 넘기며 책 내용을 설명하고, 독자의 까다로운 질문에 성실하게 답변을 한다."

2013년의 생루이 책축제를 지켜본 김언수 작가의 참관기이다. 김언수 작가는 천운영 작가와 함께 초대를 받고 축제에 참가하였다. 두 사람은 생루이에 다녀온 뒤 한국문학번역원 매체에 참관기를 게재하였다.

우리 같으면 상상도 못할 일이다. 작가가 종일 자신의 부스에 앉아 독자의 질문에 답하고 직접 책을 팔다니. 사실 이 같은 형태는 유럽의 책축제에서 흔한 모습은 아니다. 그러나 미국에서는 작가가 책축제의 부스를 사서 참가하는 경우가 적지 않다.

생루이는 파리에서 가자면 여간 먼 길이 아니다. 독일과 툭하면 영토 분쟁이 일어나곤 하던 알사스 지방에 위치한다. 더 자세히 들여다보자면 프랑스와 독일뿐 아니라 스위스와도 국경을 맞대고 있는 변경의 소도시다. 라인 강을 사이에 두고 세 나라의 경계선이 나누어진다. 인구라야 2만 명 남짓에 지나지 않는다. 생루이는 프랑스령이지만 경제적으로는 스위스 도시인 바젤 광역권에 속한다. 그래서 기차나 항공편도 바젤을 경유해야 한다.

바젤은 미술 분야에서 세계적인 유명세를 갖고 있는 도시다. 바젤 아트 페어가 어느 미술 행사보다도 영향력이 있기 때문이다. 라인 강 바로 건너 독일 쪽에는 디자인 분야에서 세계적인 권위를 자랑하는 비트라 디자인 미술관이 자리잡고 있다.

스위스, 프랑스, 독일 세 나라에 걸쳐 있는 바젤 광역권은 인구가 75만 명에 이르고 경제 활동도 활발한 편이다. 그래서 작은 도시 생루이에도 40개 이상의 제법 규모를 갖춘 기업이 둥지를 틀고 있다. 수공업 장인들이 운영하는 회사도 2백여 개에 이른다.

생루이 책축제는 1984년에 발걸음을 내디뎠다. 책축제가 많은 유럽에서도 굉장히 이른 편에 속한다. 처음에는 이 지역 특산품인 아스파라거스 축제에 곁들여 시작되었다. 전혀 어울릴 것 같지 않은 농산물과 책의 이색적인 만남이라 할 수 있다. 지금은 알사스 지방에서 가장 풍성한 문학 행사로 성장하였다.

시골 소도시의 오붓한 행사로 시작된 책축제가 이제는 국제적인 면모를 갖춰가고 있다. 프랑스, 스위스, 독일뿐 아니라 유럽 여러 나라의 작가들이 축제에 참가한다. 일부 다른 대륙의 작가들도 찾아볼 수 있다.

축제에 참가하는 작가 가운데는 베스트셀러 작가도 있고, 그다지 이름이 알려지지 않은 작가들도 있다. 2014년 콩쿠르상을 수상한 소설가 리디 살베르는 상을 받자마자 생루이 책축제를 다녀갔고, 우리나라에 탄탄한 독자층을 가지고 있는 베르나르 베르베르는 2017년 축제에 참가하였다.

물론 유명 작가일수록 인기가 있다. 인기 작가의 부스에는 긴 줄이 만들어진다. 작가는 정성스레 자신의 책에 사인을 해주고 독자와 이야기를 나눈다. 국경도시답게 독자들도 여러 나라 사람들이다. 작가를 만나는 즐거움에 행사 기간 내내 전시장에서 사는 독자들도 있다. 자신의 책을 읽고 행복해 하는 독자들을 위해 작가들은 먼 길은 마다하지 않고 변경의 도시까지 달려오는 것일 게다. 그래서 천운영 소설가의 다음과 같은 말에 절로 고개가 끄덕여진다.

"하루하고도 반나절을 행사장 부스에 앉아 있으라니. 한국에서도 안해 본 책장사를, 파리도 아니고 생루이 지방에서, 그것도 작가가 직접 나서서?

그런데 하루 반나절 동안 그곳에 앉아 있다 보니 묘하게 숙연해지는 것이었다. 나와 한국소설을 찾아온 사람들 질문에 답하면서, 그들의 사연을 듣고 이해하면서, 일회성의 한 행사를 잘 치른 의기양양함이 아니라, 내가 쓰고 있는 소설과 문학이라는 장르와 한국이라는 사회에 대해, 스스로 질문하고 답하면서 정리를 하는 나를 발견한 것이다. 한국문학을 한국이 아니라 머나먼 생루이에서 몸소 체험한 기분. 한판 축제를 마친 흥겨움이 노곤함과 함께 왔다. 예상치 못한 달달하면서 쌉쌀한 맛이었다."

작가들은 자신의 부스에서 소수의 독자들만 만나는 것은 아니다. 더 본격적인 강연과 작가 인터뷰, 작가와의 만남 행사가 기다리고 있다. 문학 컨퍼런스에 참가해 다른 작가들과 토론하고, 저녁 파티에서 격의 없는 대화를 나누며 축제를 즐긴다. 전시와 공연 행사도 곁들여진다.

2015년부터는 부대 프로그램으로 미술출판 전시회가 새롭게 시작되었다. 출판 부문에 종사하는 일러스트, 애니메이션 작가들과 장인들이 출판 미술의 세계를 생동감 있게 보여주는 프로그램이다. 이듬해인 2016년에는 학교 프로그램으로 영역이 넓어졌다. 작가와 일러스트레이터들이 진행하는 백 개 이상의 수업에 2,500여 명의 학생들이 참여하였다. 유치원부터 고등학교까지의 학생들이다.

생루이 축제는 매년 4월 말부터 5월 초 사이에 열린다. 대형 천막에서 진행하던 행사가 축제의 성공에 힘입어 포럼이라는 이름의 큰 실내공간을 확보함으로써 안정적인 운영이 가능해졌다. '소설의 봄'이라는 이름의 문학상은 생루이 축제에서 수여하는 문학상이다.

2017년에는 반가운 소식 하나가 더해졌다. 설립된 지 20년이 된 한 출판사Les Arènes가 생루이로 둥지를 옮겨온 것이다. 생루이가 일회성의 문화 공간에서 한 걸음씩 문화도시로서의 토대를 갖추어가고 있는 것이다.

전 세계가 함께 기리는 책축제
세계 책의 날

세계 책의 날은 작가와 책, 그리고 독서를 기리기 위한 것이다.
1995년 유네스코에서 지정하였다. 정식 명칭은 '세계 책과
저작권의 날'이다. 이날 스페인에서는 책과 장미 축제가 열리고,
영국의 1파운드 북 토큰 캠페인을 비롯한 다채로운 행사가 전
세계에서 동시에 펼쳐진다.

*

서울 청계광장 주변을 산책하다 장미꽃과 책을 선물 받은
사람이 꽤 될 것이다. 집 근처 도서관이나 서점에 들렀다가 장
미꽃을 건네받기도 했을 것이다.

그렇다면 틀림없이 4월 23일이다. '세계 책의 날'World Book
Day이다. 이날 전 세계에서 책을 기리는 행사가 펼쳐진다. 함께
하는 나라가 백여 국에 이른다.

세계 책의 날은 작가와 책, 그리고 독서를 기리기 위한 것

이다. 1995년 유네스코에서 지정하였다. 정식 명칭은 '세계 책과 저작권의 날'이다. 이날 스페인에서는 책과 장미 축제가 열리고, 영국의 1파운드 북 토큰Book Token 캠페인을 비롯한 다채로운 행사가 전 세계에서 동시에 펼쳐진다. 서울 청계광장과 전국에서 동시다발로 진행된 북콘서트, '작가의 방' 같은 행사는 그 일환이었다.

4월 23일을 세계 책의 날로 정한 것은 스페인의 제안에 따른 것이었다. 그 뿌리는 스페인 카탈루냐 지방의 수호 성인인 성 게오르기우스의 날로 거슬러 올라간다. 전설에 의하면 게오르기우스가 사악한 악마를 칼로 치자, 악마의 피가 흐른 자리에서 장미가 자라났다고 한다. 그리하여 성 게오르기우스의 날에 남성이 사랑하는 여성에게 장미꽃을 선물하는 전통이 생겼다.

카탈루냐 지방의 중심도시인 바르셀로나는 스페인 출판의 중심지다. 카탈루냐 서적상들은 장미꽃을 선물하는 재미있는 풍습에서 장미꽃을 받은 여성이 그 대신 책을 선물하는 아이디어를 떠올렸다. 마침 4월 23일은 스페인의 국민작가인 세르반테스의 사망일이었다. 책의 날로 정하기에 안성맞춤이었다. 논란의 여지가 있기는 하지만 셰익스피어의 사망일도 같은 4월 23일이었다.

바르셀로나에서는 성 게오르기우스의 날에 책과 장미 축

책으로 사람의 모습을 형상화한 '세계 책의 날' 포스터.

제가 동시에 열리게 되었다. 이날 라람블라 광장에는 책과 장미를 파는 수백 개의 가판대가 설치된다. 사람들은 너도 나도 꽃을 사고 장미를 사서 사랑하는 사람에게 달려간다. 이날 팔리는 책이 1년 판매액의 절반에 이른다는 이야기가 돌 정도로 날개 돋친 듯이 책이 팔린다. 축제의 성공에 힘입어 자연스레 작가를 초청하는 이벤트도 활성화되었다. 이틀 동안 세르반테스의 〈돈키호테〉를 읽는 독서 마라톤이 펼쳐지는가 하면, 스페인 국왕이 시상하는 세르반테스 상도 수여된다.

오늘날 세계 책의 날 행사가 가장 활발한 곳은 영국과 아일랜드라고 할 수 있다. 영국은 다른 나라와 달리 세계 책의 날 주요 행사가 3월 첫째주 목요일에 개최된다. 이처럼 자국의 사정에 의해 책의 날 날짜가 다른 경우가 더러 있다. 스웨덴은 부활절과 겹치는 것을 피하기 위해 4월 13일로 날짜를 옮겼다.

영국과 아일랜드는 세계 책의 날의 주요 목적을 어린이들이 자신의 책을 갖게 함으로써 책과 독서의 즐거움을 느끼도록 하는 데 집중하고 있다. 그리하여 저렴하게 책을 구입할 수 있는 북토큰을 학교에 보내는 데 힘을 기울인다. 2017년에만 1파운드로 책을 구입할 수 있는 세계 책의 날 북토큰을 1,500만 개 공급하였다. 18세 이하의 학생들에게 하나씩 돌아갈 수 있는 수량이다. 내셔널 북토큰National Book Tokens과 많은 출판사, 서점이 사업을 후원하였다. 2015년부터는 세계 책의 날 상을 제정해 운영하고 있다. 학생들이 창의적이고 혁신적인 이야기를 창작할 수 있는 기회를 제공하는 프로그램이다. 2017년 프로그램에 참가한 학생의 수가 7만 6천 명에 달한다고 한다. 백만 명의 어린이들에게 스토리텔링 비디오를 보여주는 프로그램은 3월 한 달 동안 진행되었다. 다양한 프로그램을 진행하는 데 수백 명의 작가와 자원활동가들이 힘을 보탰다.

세계 책의 밤World Book Night은 성인들의 독서 기회를 신장시키기 위한 프로그램이다. 영국과 아일랜드에서 2011년 시작되었으며, 4월 23일에 열린다. 미국은 세계 책의 날 프로그램이 저조한 편이다. 2012년에 첫발을 뗀 세계 책의 밤 행사도 몇 년 되지 않아 동력을 잃고 말았다.

우리 나라는 다양한 프로그램을 만들어내고 열심히 참여하는 편이다. 하지만 다른 독서 또는 책축제 행사와 크게 차별되는 지점이 별반 보이지 않는다. 세계 책의 날만의 고유한 프로그램을 고민할 필요가 있겠다.

희망이 없던 시골 마을의 재생 전략
클룬스 책축제

책축제를 열기로 했다. 마을 사람들은 누가 무엇 때문에 이런 시골마을까지 찾아오겠느냐며 혀를 찼다. 2007년에 하루짜리 행사로 개최한 이벤트는 대성공을 거두었다. 책, 음식, 전기 모든 것이 동이 났다. 사람들은 다시금 희망을 갖게 되었다.

*

클룬스Clunes의 첫 인상은 헐리우드 서부 영화에 나오는 소도시다. 중심가로인 프레이저 스트리트는 똑 그렇다. 폭이 50미터는 됨 직한 넓은 길을 사이에 두고 영화 세트 같은 1,2층짜리 제법 규모가 느껴지고 세월의 더께가 묻은 건물이 2백여 미터 늘어서 있다.

실제로 이곳에서는 몇 편의 영화가 촬영되었다. 멜 깁슨이 주연한 〈매드 맥스〉Mad Max와 호주 영화 〈네드 켈리〉Ned Kelly가 대표적이다. 〈네드 켈리〉는 19세기 클룬스가 한창 번영을 누리던 시기를 배경으로 한 시대극으로 클룬스 사람들의 자긍심을 다시금 높여주었다.

클룬스는 1850년대 중반에 건설된 금광 마을이다. 이른바 골드러시 때다. 미국 캘리포니아에서 골드러시가 일어나던 때와 같은 시기다. 유럽과 미국, 중국에서까지 사람들이 클룬스로 몰려들었다. 자연히 마을은 번영을 누렸다.

하지만 금이 떨어지자 마을은 쇠퇴의 길로 접어들었다. 상점은 문을 닫고, 사람들은 인근 도시로 이주해 갔다. 옛 영화를 아는 듯 모르는 듯 빈 건물만이 덩그마니 그 자리에 남았다. 21세기 초입에 들어서기까지 이런 모습은 변함이 없었다.

2000년에 작은 변화가 생겼다. 멜버른에 본교가 있는 웨슬리 칼리지가 클룬스에 작은 캠퍼스를 연 것이다. 한 번에 80명의 학생이 8주간 머무는, 연간 기준으로 4백 명쯤 되는 작은 규모였지만, 이것만으로도 마을에 활기가 돌기 시작했다. 호주에서 두 번째로 크고 빅토리아 주의 주도인 멜버른에서 1시간 반이면 닿는 지리적 이점이 있어 전원생활을 즐기려는 사람들도 하나둘씩 마을로 이주해 왔다.

그래도 마을 사람들은 여전히 희망과는 담을 쌓을 수밖에 없었다. 10여 년간 계속된 가뭄으로 마을의 주산업인 농업이 고사 위기였기 때문이다. 아름드리 나무들까지 말라 죽는 정경이 벌어졌다.

이런 상황 속에서 몇몇 사람이 책마을을 만들어보자는 아이디어를 냈다. 유럽에서 시작된 책마을 운동을 본받아 클룬스를 사람이 찾아오는 곳으로 만들자는 생각이었다. 그들은 크리에이티브 클룬스라는 비영리 조직을 만들었다. 핵심이 된 사람들은 모두 외부 이주자들이었고, 각기 다양한 분야에서 경력을 쌓아온 전문가들이었다.

당시 클룬스에는 서점이 한 곳뿐이었다. 간판만 서점이지 취미로 운영하기 때문에, 문을 여는 날이 1년에 며칠 되지 않았다. 크리에이티브 클룬스 멤버들은 책마을을 만들기 위한 발판으로 우선 책축제를 열기로 했다. 마을 사람들은 누가 무엇 때문에 이런 시골마을까지 찾아오겠느냐며 혀를 찼다.

2007년 5월에 하루짜리 행사로 개최한 이벤트는 대성공을 거두었다. 서적상 10명만 부스를 차리면 좋겠다는 기대치를 넘어 54명의 서적상이 축제장에 터를 잡았다. 그리고 첫 행사라서 널리 알리지 못했는데도 6,7천 명의 관람객이 찾아왔다. 책, 음식, 전기 모든 것이 동이 났다. 사람들은 다시금 희망을 갖게 되었다.

클룬스 책축제는 착실하게 성장을 거듭하여 주말 이틀 동안 개최되는 행사로 자리잡았다. 2012년부터는 관람객들에게 입장료도 받는다. 입장료를 내고 배지를 착용한 사람들은 행사가 열리는 모든 공간을 출입하고 프로그램에 참여할 수 있

2013년 클룬스 책축제에 초청된 필자와 노르웨이의 얀 클로브스타드.
책축제를 알리는 입간판에 한글과 노르웨이 어 환영 인사가 쓰여 있다.

다. 서적상들도 좋은 부스를 차지하기 위해 2백만 원 가까운 임대료를 지불하며 경쟁한다.

클룬스는 축제의 정체성을 '책축제'로 분명히 규정한다. 문학축제나 도서전이 아니라고 선을 긋는다. 수많은 작가를 초빙해 강연회를 개최하고, 전시회를 열고, 출판 관련 프로그램을 기획하는 일은 자신들의 역량에 걸맞지 않은 일일 뿐더러, 향수 어린 가로의 장점을 축제장으로 활용하고 향후 클룬스를 책마을로 만들어가려는 자신들의 목표에 부합하지 않는다는 것이다.

크리에이티브 클룬스는 서점이 없는 마을의 한계를 극복하기 위해 먼저 자신들이 스스로 서점을 만들었다. 마을의 비어 있는 공간을 임대해 두 개의 서점을 만들고, 마을 사람들을 교육해 서점 운영에 참여시켰다.

이제 클룬스에는 8개의 서점이 운영되고 있다. 크리에이티브 클룬스에서 만든 서점은 서점 운영에 전념해 온 매니저들에게 경영을 넘겼다. 상설 서점이 둥지를 틀게 됨으로써 책마을의 모습이 차츰 갖추어져가고 있다.

그들의 목표는 책마을다운 모습이 상시적으로 유지되는 것이다. 그러한 고민 속에서 2014년 봄에는 어린이책축제를 개최하였다. 그리고 매월 작가 초청 프로그램을 운영한다.

클룬스 책축제는 얼핏 작은 마을에서 진행하는 소꿉 장난처럼 보일 수도 있다. 그러나 그들의 움직임은 상당히 전략적이고 치밀하다. 마을 재생 프로그램이라는 목적의식적인 목표, 눈앞의 이해를 넘어 멀리 보고 큰 그림을 그릴 수 있는 크리에이티브 클룬스라는 조직의 존재가 주목되는 이유다.

그들은 멜버른의 문화적 우산 속에 갇히기를 거부한다. 그러면서도 멜버른의 대표적인 문화기관과의 전략적 제휴를 통해 클룬스 책축제의 가치와 프로그램의 질을 끌어올리는 데 열심이다. 빅토리아 주립도서관과 윌러 센터를 비롯한 여러 기관이 전시, 작가 초청 프로그램 등에서 큰 도움이 되고 있다. 라 트로브La Trobe 대학은 클룬스 책축제의 교육 프로그램 파트너이다.

2012년에는 세계책마을협의회IOB에 가입하였다. 사실 IOB는 소박한 단체에 지나지 않지만 오스트레일리아 내에서 클룬스의 입지를 다지고, 마을을 널리 알리고, 정부 기관 등의 지원을 끌어내는 데 적지 않은 역할을 하였다.

출판도시에서 열리는 파주북소리와도 상호 방문하는 등의 교류 프로그램을 진행하였다. 20세기 초 한국을 방문해 귀중한 사진자료를 남긴 클룬스 출신 사진작가 조지 로스의 사진을 현대적으로 해석한 전시를 양국에서 개최할 수 있었던 것은 그 성과물이었다.

크리에이티브 클룬스의 멤버들은 '성공이 성공을 가져왔다'고 겸손해 한다. 하지만 몇 명의 볼런티어들이 희망이라고

는 없던 시골 마을을 호주에서 가장 주목 받는 마을의 하나로
재탄생시킨 일은 결코 가볍게 볼 일이 아니다. 그들의 꿈이 더
욱 크게 자라기를 빈다.

책 속에 등장하는 책축제

간다 고서축제(일본)

국립 어린이책축제(불가리아)

길드포드 책축제(영국)

나이로비 책축제(케냐)

내셔널 책축제(미국)

다카 문학축제(방글라데시)

대한민국독서대전(대한민국)

델리 시축제(인도)

독립서점의 날(미국)

라이프치히 도서전(독일)

런던 도서전(영국)

레드버리 시축제(영국)

로마 도서전(이탈리아)

로스앤젤레스 타임스 책축제(미국)

마이애미 국제책축제(미국)

만토바 문학축제(이탈리아)

멜버른 문학축제(오스트레일리아)

몽트뢰유 어린이도서전(프랑스)

반스 어린이문학축제(영국)

발리 문학축제(인도네시아)

벵갈로르 문학축제(인도)

배쓰 어린이문학축제(영국)

배쓰 축제(영국)

버밍엄 문학축제(영국)

베를린 국제문학축제(독일)

베이루트 책축제(레바논)

베이징 도서전(중국)

보수동책방골목축제(대한민국)

보스턴 책축제(미국)

보투포랑가 문학축제(브라질)

볼로냐 국제어린이도서전(이탈리아)

부쿠오카(일본)

북엑스포 아메리카(미국)

브라이튼 축제(영국)

브르노 책축제(체코)

빈 도서전(오스트리아)

생루이 책축제(프랑스)

서배너 어린이책축제(미국)

세계 책의 날(세계)

세계책마을축제(세계)

시드니 문학축제(오스트레일리아)

아니키 시축제(핀란드)

앙굴렘 국제만화축제(프랑스)

에든버러 국제책축제(영국)

옥스퍼드 문학축제(영국)

와우북 페스티벌(대한민국)

웰스 문학축제(영국)

위그타운 책축제(영국)

위스콘신 책축제(미국)

이라와디 문학축제(미얀마)

일클리 문학축제(영국)

자이푸르 문학축제(인도)

진보초 책축제(일본)

첼트넘 문학축제(영국)

청계천헌책방거리책축제(대한민국)

카디프 어린이문학축제(웨일스)

캐슬매인 어린이문학축제
(오스트레일리아)

콜카타 문학축제(인도)

쿠쉬완트 싱 문학축제(인도)

클룬스 책축제(오스트레일리아)

탈린 국제어린이책축제 (에스토니아)

텍사스 책축제(미국)

투손 책축제(미국)

파라티 문학축제(브라질)

파리 도서전(프랑스)

파주북소리(대한민국)

팔레스타인 문학축제(팔레스타인)

페이 케이글러 어린이책축제(미국)

푸시킨 시축제(러시아)

프랑크푸르트 도서전 (독일)

프랭클린 어린이문학축제(미국)

프린터스 로우 문학축제(미국)

할렘 책축제(미국)

해러거트 국제범죄문학축제(영국)

헤이 다카 축제(방글라데시)

헤이 세고비아 축제(스페인)

헤이 축제(웨일스)

참고문헌

데이비드 크리스천
《세계사의 새로운 대안, 거대사》,
김서형, 김용우 역, 서해문집, 2009.

데이비드 크리스천, 밥 베인,
《빅 히스토리》,
조지형 역, 해나무, 2013.

라이오넬 카슨,
《고대 도서관의 역사》,
김양진 역, 르네상스, 2003.

뤼시앵 페브르, 앙리 장 마르탱,
《책의 탄생 : 책은 어떻게 지식의
혁명과 사상의 전파를 이끌었는가》,
강주헌, 배영란 역, 돌베개, 2014

리처드 도킨스, 《이기적 유전자》,
홍영남 옮김, 을유문화사, 1993.

리처드 부스, 《헌책방 마을 헤이온와이》,
이은선 역, 씨앗을뿌리는사람, 2003.

마샬 맥루한, 《구텐베르크 은하계:
활자 인간의 형성》, 임상원 역,
커뮤니케이션 북스, 2001.

매튜 배틀스, 《도서관, 그 소란스러운
역사: 지식의 생성과 소멸의 은밀한
기록》, 강미경 역, 지식의숲, 2016.

사사키 아타루, 《잘라라, 기도하는
그 손을: 책과 혁명에 관한 닷새 밤의
기록》, 송태욱 역, 자음과모음, 2012.

알베르토 망구엘, 《독서의 역사: 책과
독서, 인류의 끝없는 갈망과 독서 편력의
서사시》, 정명진 역, 세종서적, 2016.

오토 루트비히, 《쓰기의 역사: 고대부터
서적 인쇄술의 시대까지》, 이기숙 역,
연세대학교 대학출판문화원, 2013.

움베르토 에코, 《책으로 천년을 사는
방법》, 김운찬 역, 열린책들, 2009.

이광주, 《아름다운 지상의 책 한권》,
한길아트, 2001.

이상, 《세계예술마을은 무엇으로
사는가》, 가갸날, 2016.

정진국, 《유럽의 책마을을 가다》,
생각의나무, 2008.

조르주 장, 《문자의 역사》, 이종인 역,
시공사, 1995.

후쿠다 데쓰유키, 《문자의 발견 역사를
흔들다: 20세기 중국 출토문자의 증언》,
김경호, 하영미 역, 너머북스, 2016.

Arts Council of Wales, "Annual Review Report 2009/10: Hay Festival of Literature and the Arts," 2009.

BOP Consulting, "Edinburgh Festivals Impact Study," 2011.

Carl Wilkinson, "The economics of book festivals," Finantial Times, 2014. 5.30

Creative Clunes Inc., "Business Plan: Creating Opportunity," 2007.

Creative Clunes Inc., "Clunes Booktown Festival Review," 2014, 2018.

David Christian, "The History of Our World in 18 Minutes,"(TED).

Des Cowley and Clare Williamson, The World Of The Book, Melbourne: The Miegunyah Press, 2010.

Edinburgh International Book Festival, "Edinburgh International Book Festival Annual Review," 2016, 2017, 2018.

Festivals Edinburgh, "Edinburgh's Festivals: World Leaders," 2013.

Frankfurt Buchmesse, "Facts & Figures: The Frankfurt Book Fair 2012 in Numbers."

George Bruce, Festival In TheNorth: The Story Of The Edinburgh Festival, London: Robert Hale & Company, 1975.

Hay Festival, "Festival Report," 2014, 2016, 2018.

Mark Fisher, The Edinburgh Fringe Survival Guide, London: Methuen Drama, 2012.

Peter Weidhaas, A History of the Frankfurt Book Fair, C.M. Gossage and Wendy Wright trl., Toronto: Dundurn Group, 2007.

神田古書店連盟,《JIMBOCHO 世界一の本の街》Vol.1(2010); Vol.2(2011); Vol.3(2012).

사진 및 그림 출전